Nachtschattengewächse

Josephine von Blueten Staub

Erste Auflage 2019

Alle Rechte vorbehalten
Copyright 2019 by

Lektora GmbH
Schildern 17–19
33098 Paderborn
Tel.: 05251 6886809
Fax: 05251 6886815
www.lektora.de

Druck: MCP, Marki
Covermotiv: Josephine von Blueten Staub, www.blueten-staub.de
Covermontage: Olivier Kleine, www.olivierkleine.de
Lektorat: Lektora GmbH, Denise Bretz
Layout Inhalt: Lektora GmbH, Denise Bretz
Printed in Poland

ISBN: 978-3-95461-130-0

Inhalt

Meinem Rudel

»Als ob eine Stadt mehr wäre als eine Ansammlung von
haushoch gestapelten Heimatlosen.«
Juli Zeh

Der letzte Fuck

Vielleicht hattest du etwas geahnt, vielleicht war es Zufall, dass du mir die Geschichte von den Fucks erzählt hast, an diesem milden Abend im Mai. Wir hatten in einem Café gesessen, wir hatten Bier getrunken und unsere Leben nebeneinandergelegt, nach Gemeinsamkeiten gesucht, in Überschneidungen ein Zeichen gesehen. Wir waren aufgeregt, berauscht von der Frühlingsluft, dem Bier, dem Geruch des anderen. Wir hatten uns angesehen, unsicher und verlegen, zwischen den Gesprächen immer wieder geschwiegen, mit klopfenden Herzen und Kribbeln im Bauch.

Weißt du, woher der Spruch »I don't give a fuck« kommt? Ich wusste es nicht.

Ein Fuck sieht ein bisschen so aus wie eine alte Eintrittskarte, vom Zirkus oder Kino, ein Schnipsel mit Abrisskante und eigener Nummer versehen. Zur Geburt besitzt jeder eine Unmenge Fucks, tief im Inneren versteckt. Jedes Mal, wenn man von jemandem enttäuscht oder verletzt wird, muss man einen Fuck hergeben. Einmal rausgegeben, ist der Fuck unwiderruflich verloren. Solange man Fucks übrighat, besteht noch Hoffnung. Sind alle Fucks aufgebraucht, kannst du keinen mehr geben, dann herrscht tief in deinem Inneren trostlose Leere, nichts berührt dich mehr. Alles wird auf einmal bedeutungslos sein, alles, was passiert, dir so ziemlich egal.

Beim Reden hattest du ganz ernst geguckt und dann gegrinst. Ist natürlich nur ein Spaß, hattest du gesagt und wir beide hatten kurz gelacht über den Spaß, dann warst du noch zwei Bier bestellen gegangen und ich hatte heimlich überschlagen, wie viele Fucks ich schon rausgegeben hab, mich gefragt, wie viele mir noch bleiben und ob ich es spüren werde, wenn ich den letzten gebe, wie es sich anfühlen wird.

* * *

Wir werden in einem anderen Café sitzen, du wirst einen Cappuccino trinken, ich eine Cola. Es wird August sein und die Wespen werden kommen, sich auf meine Cola stürzen, vom Flaschenhals abrutschen, in die süßklebrige Flüssigkeit, sie werden ertrinken oder am Strohhalm wieder hinaufkrabbeln. Wir werden nervös sein, du von den herumschwirrenden Wespen, ich von unserem Gespräch, wie wir Belanglosigkeiten austauschen und berichten, was im letzten Vierteljahr so geschehen ist. Wir werden Zigaretten drehen in den Schweigepausen, eine nach der anderen, um die zappligen Finger zu beschäftigen, und dabei allem ausweichen, den Wespen, dem Blick des anderen, den sich aufdrängenden Fragen, die wir nicht zu stellen wagen, weil wir die Antwort fürchten: Wie es uns geht, ohne den anderen, was aus uns geworden ist, was eigentlich passiert ist, dass alles auf einmal so kompliziert scheint, und ob es schon jemanden Neues in unserem Leben gibt.

Nach zwei Stunden werden wir bezahlen, jeder für sich, danach zusammen zu der Wohnung gehen, die mal ein Zuhause für uns beide gewesen sein wird. Wir werden uns erwachsen verhalten, die erforderlichen Dokumente unterschreiben, in der Mitte falten und in Briefumschläge stecken. Wir werden uns zum Abschied umarmen, lange und fest, in dem Raum, in dem nur noch ein Wäscheständer stehen wird, und wir werden einander nicht loslassen können. Ich werde mein Gesicht an deine Brust drücken und den schneller werdenden Herzschlag hören, dein Bart wird in meinem Nacken kitzeln und Arme mit Gänsehaut überziehen. Unsere Münder werden sich finden, du wirst mich ins Schlafzimmer tragen, aufs Bett werfen, ausziehen, und wenn wir dann übereinander herfallen, werden wir beide wissen, dass das alles nur schlimmer macht, doch das wird uns nicht abhalten, wir werden kämpfen – miteinander, gegeneinander. Feste Griffe, gierig und kratzend.

Mir werden vielleicht Tränen kommen, die ich wegblinzle, bevor du sie bemerken kannst. Einer von uns wird sagen, ich liebe dich, der andere denken, ich hasse mich, und beide werden ein Loch im Inneren spüren, ein Gefühl der Unvollständigkeit, das die Nähe zum anderen nicht mehr zu lindern vermag, kurz und heftig wird es aufflackern, dann werden wir zusammensinken (ineinander, aufeinander), das Gewicht des anderen Körpers nicht aushalten können, nicht mehr, nicht den Geruch, nicht den Schweißfilm auf der Haut, wir werden uns abstoßen, voneinander lassen, zwischen zerwühlten Laken schweigen,

rauchen und an die Zimmerdecke starren, weil wir unseren Anblick nicht mehr ertragen können, beschämt unsere
nackten Körper bedecken. Wenn wir uns wieder angezogen haben, werden wir einander fremd sein. Ich geh dann
mal, wirst du sagen, und ich, ist gut, dann wirst du gehen
und das Geräusch deiner Schritte wird durch die Leere
hallen, die sich tief im Inneren aufgetan hat.

Eigentlich ganz einfach

Wenn er Mutter besucht, ist es immer gleich: Sie ist still und hört zu, während er ihr vom Studium erzählt. Erst ganz zaghaft und leise, dann immer schneller und lauter, irgendwann kommen die Hände dazu und die Augen glitzern, die Wangen röten sich. Mutter unterbricht ihn nie. Sie wartet geduldig das Ende seiner Erzählung ab. Dann guckt sie lieb und sagt »Milchmädchenrechnung« und meint damit, dass sie den roten Faden verloren hat, sie Mathe generell nicht versteht, aber unglaublich stolz darauf ist, dass er Mathematik studiert. Wenn er Mutter besucht, ist es immer gleich: drei Stunden Besuchszeit, in denen er einfach so sein kann, wie er ist, drei Stunden, in denen das Leben einfach scheint.

Heute wollte er nur noch schnell etwas einkaufen, bevor er zu ihr fährt. »Eigentlich ganz einfach«, hat er gedacht, Wohnungstür zu, zehn Stufen runter, durch die Haustür auf den Fußweg, an der Ampel etwa 50 Sekunden auf Grün warten, dann geradeaus über die Straße, dreißig Schritte nach rechts, durch die Schiebetüren in den Supermarkt, zum Regal mit den Süßigkeiten, kurz vor der Kasse und neben den Zeitungen bei den Schnittblumen anhalten, dann bezahlen, aber mit Karte bitte, und: schönes Wochenende, dann bloß noch zehn Schritte und – geschafft. Also eigentlich ganz einfach.

Bis zu den Schnittblumen war es das auch, jetzt müsste das Bezahlen, aber mit Karte bitte, kommen – doch der Zufall interessiert sich nicht für seine Pläne. Er studiert zwar Mathematik, aber damit konnte er nicht rechnen: Es ist Freitagvormittag, 11 Uhr, und trotzdem sind alle vier Kassen geöffnet, dahinter: viele Menschen, die darauf warten, dass das schöne Wochenende für sie endlich beginnt.

»Eigentlich ganz einfach«, denkt er sich jetzt, als er die kürzeste Schlange wählt, aber diesmal ahnt er schon, dass es nicht so einfach weitergeht. Denn das kennt er schon seit der Grundschule: Wenn sich nur eine einzige Zahl an der falschen Stelle einschleicht, geht die ganze Rechnung nicht mehr auf. Folgefehler sagt man dazu. »Eine Milchmädchenrechnung kommt selten allein«, sagt Mutter dazu.

Vor ihm: zehn wartende Menschen. In der Schlange neben ihm: elf wartende Menschen, vielleicht genau diese eine Person zu viel. Kribbelnde Vorahnung im Bauch, noch bevor die ältere Frau den Mund aufmacht.

»Wie kann man sich nur so gehen lassen. In dem Alter schon so fett«, flüstert sie zu ihrem Mann.

Dieses Flüstern kennt er auch schon seit der Grundschule, immer laut genug, damit er es auch ja nicht überhören kann. Vor ihm die schöne Frau mit blonden Locken. Langsam dreht sie sich um, ihre Augen wandern zu seinem Einkauf auf dem Band: Geleebananen, Pralinenschachtel, Kekse, Tulpen. Ihm wird heiß. Schweißperlen kitzeln auf der Stirn. Die Wangen röten sich. Der Kopf senkt sich,

Augen auf den Boden. Er spürt die bohrenden Blicke der anderen, sehen will er sie nicht auch noch und konzentriert sich deshalb auf die Fliesen unter seinen Füßen: hier und da ein Glitzern, schwarze, braune und weiße Sprenkel auf beigem Grund, exakte Quadrate, vom staubigen Grau der Fugen umrahmt, ein Koordinatensystem, in dem sich vielleicht eine Lösungsformel für diese Situation versteckt. Ein Satz, ein Fluchtweg, irgend...

Was die anderen Menschen gerade denken? Das weiß er, ist auch nicht schwer, vollkommen logisch, bei seinem Aussehen, er kennt sein Spiegelbild: Er ist ein Fettsack. Die schwabbeligen O-Beine, schlecht kaschiert unter dem Zelt aus Jeansstoff, darüber ein ausgewaschenes T-Shirt, das trotz Kleidergröße XXXL hier spannt und da kneift, und wenn er jetzt die Arme etwas anheben würde: dunkle Halbkreise, die den frischen Schweiß verraten. Jämmerlicher Fettsack, denken sie sich, denkt er sich. Kopfschütteln. Nur noch fünf Leute vor ihm, nur noch kurz ausharren, dann bezahlen und zehn Schritte ... oder:

Einfach den Kopf heben. Einfach der älteren Frau fest in die Augen sehen, einfach mit ruhiger Stimme alles erklären. Von Anstrengung und Schmerzen bei jedem Schritt, bei jedem Schritt, bei jedem Atemzug und schrägem Seitenblick. Von dem »ab heute ist alles anders« und dem Scheitern und Scheitern und Scheitern. Vom Hinfallen und Nicht-wieder-aufstehen-Können, weil das Leben manchmal viel schwerer als er selbst ist, und von der Panik vor dem Moment, an dem das Herz plötzlich das Schlagen vergisst und stehenbleibt.

Erst zaghaft, dann immer schneller und lauter, irgendwann kommen die Hände dazu und die Wangen sind noch immer gerötet, in den Augen glitzern Tränen. Aber ganz ruhig bleiben, wie in Mathe, ganz sachlich, ganz logisch erklären, dass all seine Kraft für Mutter draufgeht. Mit dem Kopf zum Band nicken, »Ist nicht für mich, das sind ihre Lieblingssüßigkeiten« sagen und vielleicht noch ein »Sie ist schwer krank, wissen Sie?« hinterherschieben, wenn dafür der Mut ausreicht. Dann Scham in den Augen der älteren Frau, eine aufrichtige Entschuldigung von ihrem Mann, eine Umarmung von der schönen Frau vor ihm, blonde Haare, die nach Honig riechen, eine Telefonnummer und ein »Ruf jederzeit an, ich helfe dir«.

Dann Tränenkloß hinunterschlucken, das anerkennende Nicken der Kassiererin, die wartenden Menschen applaudieren. Bezahlen, aber mit Karte bitte, und schönes Wochenende, dann noch zehn Schritte, durch die Schiebetür und fertig. Also eigentlich ganz einfach.

Josefine Telefon

Eine rauchende Katze sitzt auf meinem Fensterbrett. Ich wohne im Erdgeschoss. Der Gehweg davor ist schmal. Die Autos parken dicht. Fußgänger gehen ganz nah am Fensterbrett vorbei. Die Katze bemerken sie nicht. Es ist schon weit nach Mitternacht und sie sitzt noch immer da, raucht und trinkt Rotwein. In der Nachbarschaft bellen Hunde, doch daran stört sie sich nicht, hier bellen die Hunde oft.

Die Katze heißt Josefine Telefon. Sie trinkt selten Wasser. Weil im Nassfutter so viel Flüssigkeit ist, sagen die Besitzer. Sie wohnen im Haus gegenüber. Dass ihre Katze meinen Rotwein trinkt, wissen sie nicht. Nachts, wenn sie schlafen, kommt Josefine über die Straße gehuscht und springt auf mein Fensterbrett. Ich lese ihr oft aus den Büchern vor: Shalev, Eribon, Auster. Kaleko und Stockowski sind auf der Auswechselbank. Feministische Lektüre findet die Katze anstrengend. Wenn sie sich anstrengen muss, trinkt sie mehr Rotwein, und dann bleibt weniger für mich.

Die Katze ist eigentlich ein kastrierter Kater. Wenn ich ihr etwas vorlese, schaut sie ganz verzückt in den Nachthimmel, nippt an ihrem Glas und pafft Zigarette. Manchmal sieht es aus, als würde sie auf etwas warten.

Nur eine Variable

Emily ist acht und lebt mit ihrer Familie auf dem kleinen Dorf nördlich der Stadt. Sommer heißt für sie: den ganzen Tag draußen sein. Im Birkenwäldchen spielt sie Verstecken und auf der Kaninchenwiese Fangen. Wenn sie rennt, schwingen ihre geflochtenen Zöpfe im Rhythmus zu ihrem Schritt.

Das Baumhaus ist ihr Lieblingsort. Von da aus kann sie die Leute beim Baden im See beobachten und wenn ihr zu warm wird, klettert sie runter und schwimmt selbst eine Runde. Sie klaut auch oft Obst aus dem Nachbarsgarten, das sie dann auf der Wiese hinterm Haus mit ihrem kleinen Bruder teilt. Ihr Bruder mag Sauerkirschen am liebsten. Am Rand der Wiese ist eine Hecke, in der in jedem Frühling die Amsel brütet. Jetzt flattern Zitronenfalter darüber hinweg. Manchmal liegt Emily stundenlang im Gras und beobachtet die Schmetterlinge bei ihrem Tanz in der Luft. Emily lächelt jeden Tag, aber mit ihren acht Jahren weiß sie nicht, dass das vielleicht Glück ist.

Doch das ist nur eine Geschichte, Emily gibt es nicht wirklich. Sie ist eine Figur, die ich gerade erschaffen habe. Emily, acht,

Zöpfe, Lächeln – vier Worte und plötzlich existiert sie. Und dann gebe ich ihr ein Leben, indem ich Orte und Eigenschaften, die mir gefallen, aneinanderreihe. Das geht so erschreckend leicht. Ich kann Emilys Leben auch ganz anders sein lassen, wenn ich bloß eine einzige Variable[1] verändere.

Sagen wir beispielsweise: Emily und ihr kleiner Bruder haben den Vater nie gekannt. Er steht nicht mal in der Geburtsurkunde, zahlt keinen Unterhalt. Das Krankenschwestergehalt der Mutter reicht nicht für einen Kredit, sodass Emily statt auf dem Dorf noch immer im Plattenbau wohnt, mitten im schmutzigen Stadtviertel. Sommer heißt für sie: schmelzender Asphalt, stickig-heiße Straßenbahnen und Junkies auf dem Spielplatz.

Der Balkon ist ihr Lieblingsort. Von da aus kann sie die Hunde aus der Nachbarschaft beim Herumtollen auf der Wiese beobachten. Nur die Kampfhunde von den Leuten aus der Wohnung über ihnen, die mag sie nicht, weil sie ihren Bruder oft zum Weinen bringen, und oft kann Emily auch nicht einschlafen, weil diese Leute bis spät in die Nacht laute Musik hören und dazu grölen. Deshalb hat die Achtjährige Augenringe und ist schlecht in der Schule, weil sie sich nicht konzentrieren kann.

Mutter macht immer Überstunden, weil das Geld, wie sie sagt, hinten und vorne nicht reicht. Deshalb muss Emily in den Ferienhort gehen und danach ihren Bruder vom Kindergarten abholen. Wenn Mutter Spätschicht hat, macht

1 Genau genommen verändere ich keine Variable, sondern die Variablenausprägung. Zugunsten des Klangs wurde von der mathematisch korrekten Bezeichnung abgesehen.

Emily das Abendessen. Ihr Bruder mag Spaghetti mit Ketchup am liebsten. Einmal hat sie sich beim Abgießen des Nudelwassers verbrüht, deshalb ist ihr Handgelenk vernarbt. Ihre Haare trägt sie meistens offen, Zöpfe hat sie nur, wenn Mutter frei hat, weil sie selbst nicht flechten kann. Wenn Mutter frei hat, fahren sie auch manchmal zum Badesee nördlich der Stadt. Manchmal sitzt sie dann im Baumhaus, beobachtet die Menschen beim Baden im See. Emily lächelt an solchen Tagen, aber mit ihren acht Jahren weiß sie nicht, dass das vielleicht Glück ist.

Aber das ist noch immer nur eine Geschichte. Ich kann Emilys Leben auch noch ganz anders sein lassen, indem ich wieder nur eine Variable verändere. Zum Beispiel kann ich ihre Mutter krank machen.

»Emily sollte öfters ihre Hausaufgaben machen, um nicht den Anschluss zu verlieren«, steht in ihrem Halbjahreszeugnis. Das ist noch nett gesagt, denn Emily macht nie Hausaufgaben. Sommer heißt für sie: keine Schule und damit auch keine Lehrer, die komische Fragen stellen oder mit Mutter reden wollen. Nachdem sie ihren Bruder vom Kindergarten abgeholt hat, wartet zu Hause die eigentliche Arbeit. Während die anderen Kinder auf dem Spielplatz spielen, wäscht Emily die Wäsche und bringt ein paar Schnapsflaschen in den Hof. Der Ferienhort ist ihr Lieblingsort, denn da kann auch sie einfach nur mal spielen und niemand schimpft oder stellt komische Fragen.

Weil Mutter die Sozialhilfe für Alkohol ausgibt, klaut Emily oft Geld aus ihrem Portemonnaie, um etwas zum Essen zu kaufen. Wenn kein Geld drin ist, bringt Emily Pfand weg. Ihr kleiner Bruder hilft ihr dabei und trägt die leichte Tüte mit den Plastikflaschen, sie die schwere mit den Bierflaschen. Wenn kein Pfand zu Hause ist, gehen sie welches suchen. Auf dem Spielplatz bei den Junkies finden sie fast immer was. Im kleinen Park hinter der Kaufhalle essen sie Abendbrot. Ihr Bruder mag Toastbrot mit Sandwichkäse am liebsten. Nach dem Essen sitzen sie noch eine Weile dort im Grünen und lauschen dem Gesang einer Amsel. Einmal hat ihr Bruder gefragt, wo die Amsel wohnt. Da hat Emily ihm von einer kleinen Hecke erzählt, die am Rande einer Wiese steht, wo tagsüber immer tausende Schmetterlinge herumflattern.

Wenn sie später nach Hause zurückkommen, stinkt Mutter wieder nach Schnaps und redet mit dem Fernseher. Manchmal setzt sich Emily zu ihr auf die Couch und dann gucken sie zusammen einen Trickfilm, und manchmal sagt Mutter dann, dass Emily ein liebes Kind ist, und streicht über ihre zerzausten Haare. Dann lächelt Emily, aber mit ihren acht Jahren weiß sie nicht, dass das vielleicht Glück ist.

Aber das bleibt nur eine Geschichte. Ich kann Emilys Leben auch noch ganz anders sein lassen, wenn ich nur wieder eine Variable verändere. Denn: In einer Geschichte geht das so erschreckend leicht.

Das Schwindelgefühl

Ich stehe im Badezimmer und beobachte mein Spiegelbild, auf der Suche nach einer Regung. Nebenan brummt der Kühlschrank. Der Rest der Wohnung ist in ein Schweigen versunken. Ich sehe beschissen aus, das Neonlicht vom Spiegelschrank macht es nicht besser. Meine Augenringe zwei Finger breite Furchen in Grauviolett.

Gestern früh ist Opa gestorben, sage ich und beobachte mich dabei genau. Keine Emotion. Kein Muskel regt sich, nicht mal ein Zucken. Nichts. Ich stelle mich auf die Zehenspitzen, lehne mich über das Waschbecken, rücke nah an den Spiegel, bis die Nasenspitze ihn gerade nicht berührt. Fingerabdrücke und getrocknete Zahnpastaspritzer übersäen die Spiegeloberfläche, dahinter meine grüngraue Iris. Mein Atem hinterlässt einen Kreis aus Dunst. Ich versuche es nochmal. Diesmal vorsichtiger, ich lasse die Worte andächtig in meinem Mund umherkullern wie Glasmurmeln, schiebe sie von der einen Backe in die andere, betaste sie mit der Zunge und spucke sie dann nacheinander aus. Gestern. Früh. Ist. Opa gestorben. Mein Opa.

Ein Zittern in der Stimme. Ganz leicht nur, doch immerhin ein Anfang. Ein Hauch mehr Traurigkeit und ich würde den Kloß im Hals spüren können. Über mir beginnt eine Waschmaschine zu rumpeln. Mehr passiert nicht. Weinen auf Kommando ist schwerer, als ich dachte. Krampfhaft unterdrücke ich das Blinzeln und halte die Augen weit offen, bis sie zu brennen beginnen und feucht werden. Die Badezimmerkonturen verschwimmen. Eine Träne löst sich und rinnt meine Wange hinab. Traurig sehe ich trotzdem nicht aus. Die Augen sind glasig, aber nicht gerötet. Ich reibe sie, lange und fest, bis hinter den Lidern Sterne tanzen und das Weiße in ihnen endlich etwas Farbe bekommt. Im linken Auge ist eine Ader geplatzt. Ein blutroter Fleck, wie eine zweite Pupille, stecknadelkopfgroß. Traurig sehe ich trotzdem nicht aus. Es ist zum Heulen.

Dann eben nicht. Ich schiebe die Unterlippe vor und versuche, auch ohne Tränen traurig auszusehen. Mein Spiegelbild hat einen Schmollmund. Den finde ich schön. Ich nehme die goldene Kappe vom Lippenstift und male mir die Lippen blutrot an.

Es klingelt, lang und schrill. Direkt im Anschluss ein zweites ungeduldiges Klingeln, das wie ein Vorwurf in die schweigende Wohnung platzt und mich zum Summer diktiert. Mit verschränkten Armen warte ich in der Türschwelle und fröstle. Ein paar hastige Schritte und ausgelassene Treppenstufen und ein gedrungener Postbote mit Schnauzbart steht vor mir, er trägt ein Paket unter dem Arm.

Ich habe ein Paket für Sie.

Ich weiß, Sie sind ja auch Postbote.

Meine Stimme klingt wackelig. Der Postbote zieht seinen kleinen Computer vom Gürtel und tippt auf dem Display herum. Dann huscht ein rotes Flackern über Pappe,

Paketklebeband glitzert und das Gerät piepst einmal kurz für den erfolgreich gescannten Strichcode. Ich nehme das Paket wortlos entgegen. Noch ein paar Displayberührungen, ein erneutes Piepsen, dann wird mir das Gerät hingehalten. Während ich mit dem Plastikstift auf dem Display unterschreibe, wirft mir der Postbote verstohlene Blicke zu, tastet sich vom ausgeleierten Fleecepulli, der eine Hand breit unter dem Schlüpfer zu Ende ist, langsam meine nackten Beine hinab.

Gestern früh ist mein Opa gestorben.

Ich fange seinen Blick ein. Er kneift die Augen zusammen, sich vergewissernd, dass ich das gerade tatsächlich gesagt habe. Zwei Stockwerke über uns fällt eine Tür ins Schloss.

Das ist ja, sagt er etwas zu laut und räuspert sich, nun, mein Beileid?

Seine Stimme hebt sich am Satzende, sodass es wie eine Frage klingt. Ich halte das Gerät und den Plastikstift fest umklammert und schlucke geräuschvoll. Er senkt den Blick.

Können Sie mich mitnehmen? Im Postauto? Beim Paketeverteilen, also nur mal kurz?

Er glotzt mich an und runzelt die Stirn. Dann beginnt er langsam, den Kopf zu schütteln.

Das geht nicht, wegen der Versicherung, sagt er.

Es ist aussichtslos, er will nicht. Ich mache einen Schmollmund und probiere es nochmal mit dem Weinen. Es klappt nicht.

Ich muss jetzt weitermachen.

Von seinem Beileid ist nichts mehr zu spüren, als er mir das Gerät abnimmt.

Haben Sie nicht ein Paket für mich in Ihrem Auto vergessen? Ich kann mit runterkommen und nachsehen.

Nein, nein, sagt er bestimmt und geht.

Ich schließe die Tür und öffne das Paket. Es ist von meinen Großeltern. Oma hat mir eine grüne Mütze gehäkelt, aus kratziger Wolle. Eine Karte ist auch in dem Paket. Opas Handschrift, immer schon krakelig wie die eines Grundschülers. Oma hat eine Mütze für dich gehäkelt, hat er geschrieben und beim Schreiben muss er gezittert haben.

Gestern früh ist er gestorben.

Die Mütze ist viel zu klein. Sie passt mir nicht. Ich setze sie trotzdem auf. Sie liegt auf meinen Haaren wie eine Gebetskappe.

Ich sage dem Badspiegel das, was er sowieso schon weiß. Mittlerweile sehe ich trauriger aus. Vielleicht liegt es an der grünen Mütze auf dem Kopf. Mein Bauch knurrt. Den ganzen Morgen lang bin ich durch die Wohnung getigert, irgendwann musste der Hunger kommen. Ich trage dick Wimperntusche auf. Das Rot wische ich mir von den Lippen, der Schmollmund hat nicht funktioniert.

Die Sachen vom Vortag liegen wie Maulwurfshügel auf dem Fußboden vor meinem Bett verteilt. Sie stinken nach kaltem Rauch. Ich zögere, dann ziehe ich sie an. Trauernde kleiden sich schwarz – aber erst, wenn sie die Geschichte vom Tod glauben. Davor tragen sie die Sachen vom Vortag und stinken nach kaltem Rauch.

In der Straßenbahn probiere ich das mit dem Weinen nochmal. Gestern früh ist Opa gestorben, denke ich und denke an Opa und dann an etwas Trauriges. An Oskar, meinen Wellensittich, den ich damals im Käfig gefunden habe, tot.

Ich bin zehn Jahre alt und komme von der Schule. Zu Hause ist es ungewöhnlich still, in der Küche nur das Ticken der Wanduhr. Auf dem Vogelkäfig ist noch immer das karierte Tuch, mit dem ihn Mutter jeden Abend zudeckt. Ich ziehe es herunter. Der Käfig scheint leer. Dann sehe ich ihn, regungslos auf dem Käfigboden. Oskar. Umgeben von Sand, winzigen Muschelsplittern und den eigenen Kackhäufchen. Ich öffne die Käfigtür und nehme die Vogelleiche vorsichtig heraus. Der Kopf baumelt herab, der restliche Körper liegt starr in meiner Hand. Mit seinem blauweißen Gefieder wische ich mir die Tränen aus dem Gesicht. Es dauert ewig, bis Mutter nach Hause kommt.

Er muss sich beim Herumfliegen im Käfig das Genick gebrochen haben, sagt sie und streicht mir über den Kopf. Wir packen ihn in eine Zip-Lock-Tüte und begraben ihn im Garten, zwischen der Restmülltonne und den Sonnenblumen. Als Grabstein stecke ich einen Stock in die Erde. Später wächst dort Löwenzahn.

Endlich kommen mir Tränen. Nicht sehr viele, aber genug, damit die Leute auf den benachbarten Sitzplätzen zu mir sehen. Niemand sagt etwas, nur ein Mann im Anzug, der telefoniert. Beim Aussteigen tätschelt eine Frau Ende sechzig meine Schulter.

Ohne darüber nachzudenken, wohin ich eigentlich gehe, lasse ich mich an Geschäften vorbei durch die Fußgängerpassagen der Innenstadt treiben. Wohin jetzt? Unter den verqualmten Klamotten erneutes Magengrummeln. Ich sehe auf die Uhr. Gleich elf, noch eine Stunde lang kann ich mich im Café *Spätsommer* am Frühstücksbuffet bedienen.

Ich wähle den Tisch in der dunklen Ecke neben den Toiletten. Es kostet Überwindung, die Jacke nicht allzu hastig abzulegen. Ich habe ein Loch im Bauch und gestern früh ist Opa gestorben. Leichter Schwindel beim Anblick der üppigen Speisen. Ich nehme einen der großen Teller und schaufle zwei Spiegeleier, Ciabatta, Pommes, Tomaten, gefüllte Feigen, eingelegte Oliven, Gouda und Ziegenkäse darauf. Dazu trinke ich Kaffee und zwei Gläser Apfelsaft. Ich muss schnell essen, damit ich noch einen Nachschlag holen kann, bevor das Buffet abgebaut wird. Nachdem ich die zweite Portion zur Hälfte verspeist habe, ist das Schwindelgefühl fast verschwunden. Ich lasse mir ein Glas Weißwein bringen und nehme mir eine Zeitung aus dem Zeitungsständer.

Für eine Weile starre ich ins Leere und denke an einen Holzstock, der mal ein Grabstein gewesen ist. Als der Kellner die Rechnung bringt, beginne ich, mit wässrigen Augen nach dem Portemonnaie zu suchen. Der Kellner lässt anfangs den Blick durch das Lokal schweifen, abwägend, zu welchem Tisch er als Nächstes gehen soll, bis seine Geduld zu bröckeln beginnt und er sich räuspert.

Ich glaube, ich habe kein Geld dabei, sage ich.

Meine Stimme zittert. Die Lippen des Kellners sind schmal.

Muss es zu Hause vergessen haben. Der Postbote kam, mit einem Paket.

Der Kellner sieht mir nicht in die Augen, sondern fixiert einen Punkt auf meiner Stirn. Ich habe einen Kloß im Hals und einen Stein im Bauch.

Er ist gestern früh gestorben. Ich war die letzten Tage bei ihm im Krankenhaus.

Die Worte kullern einfach aus mir heraus und es hört sich an, als würde jemand anderes das sagen.

Er war erst fünf Wochen alt ... und vorhin ist ein Paket gekommen, da war eine Mütze für ihn drin.

Der Kellner hält die Luft an. In seinen Augen flackert eine Traurigkeit auf, die mich trifft und zu Tränen rührt. Wortlos geht er zur Bar und kehrt mit einer Serviette zurück. Er will sie mir erst reichen, doch ich bin ganz bei mir und meinen Tränen, deshalb legt er sie auf den Tisch und nimmt im Tausch dazu das leere Weinglas an sich.

Ich wende mich schniefend ab und schwanke zur Toilette. Meine Augen sind gerötet und angeschwollen, die Wimperntusche verlaufen. Ich schnaube in ein Papiertuch. Mit einem zweiten will ich die mascaraschwarzen Tränenspuren aus dem Gesicht wischen, entscheide mich dann doch dagegen und stecke das Papiertuch in die Hosentasche. Dann verlasse ich das Lokal. Der Kellner hält mich nicht auf.

Wein und Whisky

Josefine Telefon sitzt auf meinem Fensterbrett. Ich wohne im Erdgeschoss. In der Wohnung darüber wohnt Armin mit seinem Mann Sebastian. Josefine interessiert sich nicht für Armin und seinen Mann Sebastian, sie guckt auf den Whisky in meiner Hand. Ich biete ihr auch einen an, doch sie lehnt ab. Sie fragt, woher ich den habe. Sie denke, ich sei pleite.

Nachbarschaftshilfe mache sich eben bezahlt, sage ich und erzähle ihr davon, wie Armin sich ausgesperrt hat und ich über den Balkon in seine Wohnung eingestiegen bin.

Armin hatte kurz vor Mitternacht bei mir geklingelt. Er hatte geschwankt, kam von einer Party, ich konnte seine Fahne von weitem riechen. Ob ich eine Leiter habe, fragte er, die Balkontür müsste noch offen stehen. Ich habe keine Leiter. Im Hinterhof bei den Fahrrädern war mal eine. Wir sahen gemeinsam nach.

Die Leiter war dort, aber zu klein, sie reichte nicht bis zum Balkon. Armin stand ratlos im Hof. Sonntagnacht den Schlüsseldienst zu rufen, würde teuer werden. Da kam mir die Idee: Ich ging meine Kletterausrüstung holen und klingelte bei den Franzosen, die direkt über Armin und seinem Mann Sebastian wohnen, und seilte mich von ihrem Balkon auf den darunterliegenden ab. Kurz darauf öffnete dem Ausgesperrten von innen die Tür.

Josefine ist meine spektakuläre Tat egal. Sie denkt, dass ich mir das bloß ausgedacht habe. Sie hat Durst. Ich hole ihr ein Glas Rotwein aus der Küche. Sie trinkt es in einem Zug leer. Der Wein schmeckt ihr, sie will mehr. Ich hole die Flasche und schenke ihr nach. Wir stoßen mit Wein und Whisky an.

Beides habe ich geschenkt bekommen. Damit hat sich Armin, der mit seinem Mann Sebastian im ersten Stock wohnt, bei mir bedankt.

Josefine ist Armin egal. Sie hat Durst.

Der Mann, der nicht mehr sprach

Dort drüben, das ist der Mann, über den alle reden. Wollen wir ihn doch gleich beim Namen nennen, fragen wir ihn, wie er heißt. Er antwortet nicht. Will er wohl nicht sagen. Na gut, dann eben nicht, dann nennen wir ihn eben nur den Mann.

Der Mann hatte eines Morgens einfach nicht mehr geredet. Seine Frau war anfangs irritiert, Scherze dieser Art war sie nicht von ihm gewohnt. Als er auch nach dem Frühstück schwieg, wurde sie wütend. Doch so viel sie auch schrie und zeterte, der Mann blieb stumm. Nicht einmal nicken oder mit dem Kopf schütteln wollte er. Nur ab und an zuckte er mit den Schultern, als wollte er sagen: Ich weiß selbst nicht, was das soll.

Nach einigen Stunden wurde die Frau ganz still. Sie wusste auch nicht, was das sollte, und runzelte die Stirn, bis sie von all den Sorgenfalten Kopfschmerzen bekam. Dann ging sie mit ihm zum Arzt. Doch auch dort wusste niemand weiter; anscheinend war der Mann vollkommen gesund. Die Frau bat den Arzt inständig um Hilfe, ihre Stimme war laut und schrill. Der Arzt gab ihr ein Rezept für Beruhigungstabletten und wies sie an, die Praxis zu verlassen. Der Mann, der nicht mehr sprach, sprach noch immer nicht.

Daheim löcherte die Frau ihren Gatten mit vielen Fragen. Ob das ein Aufbegehren wäre, gegen irgendwas oder irgendwen. Ob ihm etwas Schlimmes widerfahren oder er wütend auf sie wäre. Doch so viel sie auch fragte, abgesehen vom gelegentlichen Schulterzucken blieb eine Antwort aus. Da sprach die Frau nicht mehr mit ihm.

Sie stampfte durch die Wohnung, nahm das Telefon und rief die Kinder an. Sollten die ihn doch zur Vernunft bringen. Als die Kinder kamen, lachten sie erst, dann schimpften sie und am Ende wurden auch sie ganz still. Dann tuschelten sie mit der Mutter und im Nebenzimmer saß der Mann und hörte alles, was sie sagten. Denn der Mann, der nicht mehr sprach, konnte immer noch gut hören.

Auf Arbeit rutschten die Kollegen mit ihren Rollen unter den Stühlen zu seinem Schreibtisch heran, legten ihm die Hand auf die Schulter oder sagten etwas Aufmunterndes. Nach einiger Zeit kamen sie immer seltener herübergerollt und bald wurde gar ein Bogen um ihn gemacht. Als der Mann, der nicht mehr sprach, einige Tage später von der Arbeit nach Hause kam, fand er die Wohnung leer vor.

Die Frau war die Kinder besuchen, sagte ein Zettel auf dem Küchentisch. Sonst hatte sie unter ihre Zettelbotschaften immer ein Herz gemalt, jetzt war da nur ein Punkt.

Da ging der Mann ins Bad und als er sein Spiegelbild sah, das ihm so bedröppelt entgegenblickte, musste er lachen. Ganz laut und lang lachte er, dann wischte er sich eine Träne aus dem Auge und wurde ganz ruhig. Warum soll ich reden, es ist doch schon alles gesagt, sagte er und das Spiegelbild zuckte mit den Schultern, als wüsste es auch nicht, was das sollte.

Da ist er, der Mann, na, ihr wisst schon. Man kann ihn ja nochmal fragen, wie er heißt. Will er immer noch nicht sagen. Dann eben nicht. Bleibt's halt dabei. Über den redet eh keiner mehr.

Selbstgemachte Probleme

Auf der Couch, der Laptop in Reichweite, daneben eine dampfende Tasse Kakao. Die Welt hinter der Fensterscheibe ist in ein schmuddeliges Grau getaucht. In meinem Hinterkopf das Ticken der Deadline, unablässig, unbarmherzig. Ein selbstgemachtes Problem kriecht unter dem Sofa hervor. Es schüttelt sich den Staub vom Leib und guckt listig zu mir auf. Warum ich nicht darüber nachdenke, meine Haarfrisur endlich mal zu verändern, fragt es vorwurfsvoll.

Nach zweistündigem Grübeln mache ich den ersten großen Schritt: eine Pro- und Contra-Liste, erst im Kopf, dann auf dem Papier. Unsicher sein. Eine weitere Liste direkt neben der ersten, mit Gewichtung der einzelnen Pros und Contras. Unentschieden sein. Vor dem Badezimmerspiegel stehen, das Spiegelbild anstarren, die Haare verstrubbeln. Regenwettergesicht. Die Haare doch vorgestern erst gewaschen! Verärgert bei Google eingeben: Haare werden schnell fettig.

Aufsehen und beim Anblick des eigenen Regenwettergesichts erinnern, warum man vor dem Badezimmerspiegel steht. Die Haare von Seitenscheitel auf Mittelscheitel kämmen, wieder verstrubbeln und schließlich zum Dutt machen. Bei Google eingeben: Welche Frisur steht mir? Websites mit »Style« und »Beauty« im Namen sagen: Die Frisur stehe und falle mit der Gesichtsform. Das fange bereits mit dem Scheitel an, ein rundes Gesicht sehe dank Mittelscheitel schlanker aus, wohingegen ein quadratisches in Kombination mit einem eckigen Kinn durch einen Seitenscheitel weicher wirke. Kein Scheitel bei ovalem Gesicht und Locken! Bei großer Stirn, markanten Wangenknochen und spitzem Kinn brauche es einen Superscheitel. Ich weiß nicht, was ein Superscheitel ist. Ich weiß überhaupt nichts mehr. Habe ich ein eckiges Kinn?

Ein Fenster ploppt auf. Hier entlang zum Psychotest »Welche Frisur steht mir?«. Internet schließen, Dutt öffnen, Haare kämmen und wieder verstrubbeln, ins Bett gehen, nicht schlafen können. Erst als ich um drei Uhr morgens eine Entscheidung fälle, finde ich, eng ans selbstgemachte Problem gekuschelt, endlich selbstzufriedenen Schlaf.

Beim Frühstück: Friseur raussuchen, dann anziehen, losgehen. Heute werden Nägel mit Köpfen gemacht. Die Friseurin sieht das anders. Der nächste freie Termin ist in knapp drei Wochen.

Als ich heimkomme, lehnt das selbstgemachte Problem am Türrahmen und nickt zufrieden. Bis zum Termin verbringen wir Tag und Nacht zusammen. Mit dem Vorhernachher-Foto in der Hand geht es schließlich ohne ein Wort des Abschieds und lässt mich mit der Deadline wieder allein.

Auf der Couch, der Laptop in Reichweite. Neuer Haarschnitt. Vor dem Fenster: der Frühling. Vor meinen Augen: der Terminkalender. Die mittlerweile rotleuchtende Deadline tickt wie das Krokodil aus Peter Pan in meinem Hinterkopf. Im Nebenraum: meine Motivation. Ich rufe sie, doch sie hört nicht. Langsam kriecht meine Bequemlichkeit aus einer Sofaritze hervor, zupft sich bedächtig alte Popcornkrümel und ein paar Fussel aus dem Haar und verzieht das Gesicht. Jetzt zu arbeiten, findet sie doof. Pack den Schlepptop weg. Lass lieber entspannt ein, zwei Weinchen trinken und sowas, sagt sie.

Ich hasse es, wenn jemand Schlepptop sagt. Das interessiert die Bequemlichkeit nicht. Ich rufe erneut nach der Motivation, von nebenan noch immer keine Reaktion. Vielleicht ist sie eingeschlafen. Ich werde dich nie wieder in Ruhe lassen, wenn du jetzt nicht mit mir rumhängst, sagt die Bequemlichkeit und guckt trotzig. Ich werde wütend und will gerade ein bisschen schimpfen, da kriecht ein neues selbstgemachtes Problem unter dem Sofa hervor. Wie viel Platz ist eigentlich unter meinem Sofa? Das neue Problem zuckt mit den Schultern und meint, es sei nur da, um in dieser Angelegenheit als Streitschlichter zu fungieren.

Wir würfeln das aus, sagt meine Bequemlichkeit. Ich will ein Best-of-Three, aber die anderen beiden schütteln den Kopf. Nee, Best-of-Hundert, sagt die Bequemlichkeit. Das ist statistisch korrektes Auswürfeln, ergänzt das neue Problem wichtigtuerisch. Ich bin überstimmt. Die Bequemlichkeit befiehlt mir, die Würfel zu holen, sie selbst ist zu faul zum Aufstehen. Augenverdrehen. Dann: Schulterzucken. Jeder hat sein Päckchen zu tragen und wer keins hat, muss sich eins suchen. Der Abend ist sowieso gelaufen. Dann würfeln wir das eben jetzt aus. Das neue selbstgemachte Problem schenkt uns derweil Wein ein und klappt meinen Laptop zu.

Sommerloch

Die ganze Welt fiebert bei der Rettungsaktion der 12 Kinder in Thailand mit. Eine Autorin bezeichnet in ihrer Insta-Story einen Kollegen als Rassisten, weil er in einem Blogartikel das »N-Wort« verwendet hat. Der Angegriffene reagiert auf Twitter. Wer mehr Likes bekommt hat Recht. In Sachsen wird eine Nigerianerin vor Aldi zusammengeschlagen. Das Kind wird sie verlieren.

Ich trinke Whisky und male mir die Lippen rot an. Josefine Telefon kommt nicht vorbei.

Pedro

Ich lernte ihn auf einer WG-Party kennen, auf die mich Jaz und Rieke mitgeschleppt hatten. Seit im Nebenraum Abba lief, hatte ich die beiden nicht mehr gesehen. Es war schon weit nach Mitternacht. Ich lehnte an dem provisorisch aufgebauten Bartresen und hatte gerade einem sehr betrunkenen Lukas klargemacht, dass er sich verpissen solle, als er sich grinsend neben mich stellte.

»Die junge Frau ist keck«, kommentierte er meine direkte Abfuhr und weil mir dieses Wort gefiel, kamen wir ins Gespräch.

Er hieß Pedro, war der Kumpel von irgendwem, ein Spanier.

»Und wie heißt die junge Frau?«

»Luisa.«

»Lucía?«

»Nee, Luisa«

»Lucía!«

Nichts zu machen. Pedro war es unmöglich, meinen Namen korrekt auszusprechen. Ich schlug ihm vor, mich einfach weiterhin junge Frau zu nennen. Immerhin war ich jung und noch dazu eine Frau. Er willigte ein.

Pedro kam aus einer Familie, die seit Generationen vom Stierkampf lebte. Sein Großvater, zum Beispiel, hatte in der Arena ruhmvoll den Tod gefunden. Auch sein Vater war ein berühmter Matador, bis ein Stier ihn aufgespießt hatte. Auf meinen erschrockenen Blick hin hob Pedro beschwichtigend die Hände.

»Er hat überlebt. Ist dadurch nur noch berühmter geworden, und reich, reich ist er, muss nie wieder arbeiten«, sagte er.

Ich fragte ihn, ob er auch Matador sei. Pedro wandte sich leicht von mir ab.

»Nein. Stierkampf finde ich furchtbar. Grausam, brutal. In den Augen meiner Familie bin ich deshalb ein Versager.«

Daheim in Spanien hatte Pedro keine Arbeit gefunden. Da er sich weigerte, als Torero Karriere zu machen, ließ ihn seine Familie fallen wie eine heiße Kartoffel und setzte ihn vor die Tür. Vor zwei Jahren war er schließlich nach Deutschland gekommen. Doch auch hier hatte er bislang wenig zustande gebracht. Über Wasser hielt er sich mit dem Verkauf von Kombucha, das er zusammen mit einem Bekannten herstellte und auf Kreativmärkten und Kulturevents Hipstern andrehte.

Er trug ein blaues Satinhemd, das ihn mit seinem sonnengebräunten Teint wie ein schlecht eingewickeltes Karamellbonbon aussehen ließ. Er war nicht dick, aber hatte überall ein bisschen zu viel. Das Gesicht aufgequollen, die schwarzen Haare nicht ganz lockig, nicht ganz glatt. Am Ringfinger trug er einen Siegelring. Das war alles, was ihm noch von seiner Familie geblieben war, beichtete er mir. Die Taschenuhr seines Großvaters, ein Erbstück von unermesslichem Wert, hatte er vor kurzem gegen ein paar müde Kröten eintauschen müssen.

»Eine Schande. Aber was tun, ohne Familie, ohne Geld und auf der Suche nach einer Wohnung«, seufzte er und heftete den verschwommenen Blick auf das Weinglas in seiner Hand.

Wie er da so neben mir stand, ein Karamellbonbon mit eingesunkenen Schultern, hatte ich Mitleid mit ihm. Diese traurige Gestalt passte genauso wenig auf diese WG-Party wie in eine Stierkampfarena. Ohne groß darüber nachzudenken, bot ich ihm an, bei mir unterzukommen, bis er eine Wohnung gefunden habe. Immerhin hatte ich eine Schlafcouch im Arbeitszimmer, die ungebraucht herumstand.

Pedro willigte ein und wurde auf unbestimmte Zeit mein Gast.

Eines Abends hielt mir Pedro einen Umschlag mit Geld hin. Er wollte mir einen Mietzuschuss geben. Wir saßen in meiner Küche, tranken Rotwein und Kombucha und hörten Flamenco.

»Vergiss es«, sagte ich und winkte ab.

Ich bestand darauf, dass er seine wenigen Einnahmen für sich behielt und sparte. Er war mein Gast und sollte kein Geld für Essen, Strom oder sonstiges beisteuern. Ich versicherte ihm, dass er meinen Geldbeutel nicht belaste, da ich mehr verdienen würde, als ich ausgeben könne. Geld und materielle Dinge seien mir sowieso zuwider.

Zum Untermauern meiner Aussage legte ich meine Kreditkarte in die Tischmitte.

»Mein Vater würde mich zutiefst verachten, wenn er wüsste, dass ich mich von einer jungen Frau aushalten lasse«, jammerte Pedro.

»Dein Vater ist ein konservativer Chauvi«, sagte ich.

Pedro wusste nicht, was Chauvi bedeutete.

»Außerdem kannst du nichts dafür, dass es in Spanien mit der Jobsuche nicht geklappt hat. Ich hab gehört, dass die Jugendarbeitslosenquote dort so hoch ist wie nie zuvor.«

Pedro beruhigte das nicht.

»Ich bin 33, da zähle ich nicht mehr zur arbeitslosen Jugend, allenfalls zu den Versagern.«

Da konnte ich auch nur noch mit den Schultern zucken. Das Gespräch wurde mir zu ernst.

»Wenn du es dir aussuchen könntest, welchen Job würdest du haben wollen?«

Pedro strich nachdenklich über seine senfgelbe Cordhose.

»Ich habe schon immer davon geträumt, Modedesigner zu sein«, gestand er.

»Ich wäre gern Großwildjägerin«, sagte ich, mit gleichem Ernst, und wir schwiegen kurz feierlich.

»Die junge Frau ist keck«, sagte Pedro dann und ich lachte übertrieben laut, weil mir das Wort »keck« noch immer gefiel und ich bei Unsicherheit gerne übertrieben laut lache.

Die Sorgenfalten auf Pedros rundem Karamellgesicht verschwanden davon nicht.

»Wir können alles sein, was wir wollen«, versuchte ich ihn aufzuheitern, »man musst sich nur trauen und das machen, worauf man Lust hat, dann geht alles wie von selbst.«

Pedro nickte langsam, dann öffnete er eine weitere Flasche Rotwein und schenkte Kombucha nach.

Als ich am nächsten Tag von der Arbeit kam, wurde ich von Pedro im Wohnungsflur empfangen. Er streckte mir einen großen Einkaufsbeutel von Hugo Boss entgegen.

»Für die junge Frau«, sagte er und verbeugte sich. Er hatte mir ein Kleid gekauft.

»Langarmkleid mit besticktem Tüll, Plissee-Rock, Spitzen und Ripsband-Gürtel«, sagte Pedro fachmännisch und klang dabei wie ein Autoverkäufer, der die Vorzüge des neuen Sportwagenmodells anpries.

»Vielen Dank, Señor Modedesigner« sagte ich und sah verstohlen zu meiner Kreditkarte, die auf der Flurkommode lag. Daneben der Kassenbon. Beim Anblick der Summe überfiel mich ein leichter Schwindel. Dann lächelte ich und zog das Kleid an. Es war furchtbar hässlich. Pedro hatte überhaupt keinen Geschmack.

»Bella Chica«, sagte er und goss uns Rotwein ein.

Ich hob das Weinglas und prostete ihm zu.

»Lass uns trinken. Darauf, dass wir mehr oder weniger alles sein können.«

»Auf Modedesign«, sagte Pedro.

»Auf Großwildjagden«, sagte ich und wir tranken und rauchten und träumten davon, wie leicht das Leben wäre, wenn wir das tun könnten, was wir uns wünschten, und es keine Kreditkartenabrechnung gäbe.

Großes Grundstück, Scheune, Garten

Kleines Dorf in Ostdeutschland,
eine Straße aus Beton,
Altmarkboden, Kieselsand,
Kiefernsaum am Horizont.
Hundert Menschen, die dort leben,
leicht erhöht auf einem Hang,
Altersdurchschnitt: Rentner eben,
denn die Jugend, die verschwand.

Einst viel Schifffahrt hier gewesen,
bis zur Wende, doch danach
bot die Ferne bessres Leben
und seitdem liegt alles brach.
Gut gepflegt ist auf dem Friedhof
jedes Grab schon lang nicht mehr.
Junge Leute ham' vergessen,
diesen Ort und seinen Wert.

Unkraut wuchert, wo einst Spargel,
Pferde weiden dort am Hang,
gegenüber blättert Farbe,
letztes Haus vor Ortsausgang.
Großes Grundstück, Scheune, Garten,
von der Straße sieht man nicht
all die Tier- und Pflanzenarten, die dort leben,
dicht an dicht.

Auch der Mann lebt dort schon immer,
fast so lang auch seine Frau,
zwischenzeitig auch drei Kinder,
deshalb wurde angebaut.
Jeder Winkel aufgeladen,
wenngleich vieles nicht mehr neu,
einzig prachtvoll strahlt der Garten,
in der Scheune schimmelt Heu.

Grauer Putz mit Kieselsteinen,
Schwalben nisten immerfort,
an den morschen Schuppenbalken,
einmal war die Katze dort.
Meterhoch ein Zaun aus Wellblech,
einst als Schutz vor den Besatzern,
nun so langsam unansehnlich,
neigt sich windschief zu den Nachbarn.

Hinterm Grundstück: wilde Wiese,
eine Bank am Aussichtspunkt,
in der Ferne grasen Kühe,
sattgrün strahlt der Auengrund.

Früher, als die Frau noch fitter
und des Laufens mächtig war,
haben sie hier oft gesessen,
redend mit dem Blick ins Tal.

Vieles hat sich längst verändert,
in dem Dorf in Ostdeutschland,
Häuser wurden bald verpfändet
und ein ganzer Staat verschwand.
Auch der Mann ist alt geworden
und sein Kopf so langsam kahl,
Gliederschmerzen jeden Morgen,
schlimmer wird's von Jahr zu Jahr.

Großes Grundstück, Scheune, Garten,
jeder Tag ein neuer Kampf.
Säen, gießen, jäten, harken,
alles lebt von seiner Hand.
Sauerkirschen, Heidelbeeren,
Stare fressen alles weg,
was im Schatten von gar schweren
Stoffgardinen nicht bedeckt.

Tonnenweise Obst einkochen,
seine Frau half früher viel,
heute sind in ihren Knochen
Rheuma, Gicht und Lethargie.
Himbeerhecke, Erdbeerranken,
eimervoll des Gärtners Stolz,
kleine Pfade, platt vom Trampeln,
Stachelbeer'n an sprödem Holz.

Bohnen putzen, schnibbeln, waschen,
all das kostet ihn viel Zeit,
seine Frau kann kaum noch lachen,
zwischen ihnen häufig Streit.
In den Augen seiner Kinder
wird er langsam sonderbar
und die Enkel, noch viel schlimmer,
waren ewig nicht mehr da.

Nostalgie in allen Farben,
Kinderlachen, Enkelglück,
Augenblicke einst im Garten,
darauf sieht er stets zurück.
All die Nächte, ungezählte,
unterm Überdach am Schuppen,
lachten, grillten, tanzten sie,
tranken Schnaps bis in die Puppen.

Manchmal kann er nachts nicht schlafen,
denn das Herz wird schwer wie Stein,
Und er spürt sein Ende nahen,
fürchtet sich vorm Pflegeheim.
Friedlich schläft an seiner Seite
seine Frau, sie zuckt im Schlaf,
er schiebt Ängste schnell beiseite,
nur für sie ist er noch stark.

Fuchsien blüh'n in Blumentöpfen,
vor der Haustür kleines Beet,
veilchenblaue Blütenköpfe,
alles Pflanzen, die sie liebt.

Alltagsfreude: Blumenstrauß,
für die Frau, die dann aufblüht,
lächelnd sieht sie jünger aus,
fast wie früher, ganz vergnügt.

Großes Grundstück, Scheune, Garten,
dort ist alles, was er schätzt,
Deshalb will er alles wahren,
weitermachen bis zuletzt.
Bis sein altes Herz beim Jäten
irgendwann von selbst aussetzt
und das Letzte, was er sieht,
dann seine Frau im Garten ist.

Helge und Paula

Im Hinterhof singen die Vögel. Ich wohne im Erdgeschoss. Im dritten Stock wohnt Helge zusammen mit seiner Freundin Fiona. Helge redet nicht viel. Daheim läuft er immer in blaukarierten Schlafanzughosen herum. Auf Arbeit trägt er Uniform. Helge ist Postbote und hat einen roten Vollbart. Er hat nie Briefe für mich dabei, wenn er nach Hause kommt. Ich sitze im Hinterhof und trinke Rotwein.

Der Hof hinter unserem Haus ist schön. Es gibt einen Ahorn und ein paar Büsche. Die kleine Wiese im Hinterhof ist grün und voller Moos. Wir haben auch eine Hollywoodschaukel. Die Hollywoodschaukel ist bequem. Sie steht hinten links an der Backsteinmauer. Die Mauer ist mit Efeu bewachsen. Dahinter ist der Hof zu Ende.

Das Nachbarhaus hat auch einen Hinterhof. Der ist nicht ganz so schön. Es gibt keine Hollywoodschaukel, nur eine Wäschespinne steht in der Rasenmitte. Ein Holzzaun steht auf der Grundstücksgrenze. Der Zaun ist krumm und trennt unseren Hinterhof vom Hof nebenan ab. Der Zaun ist alt. Er wurde vor vielen Jahren gebaut.

Im Nachbarhaus wohnt ein brauner Labrador namens Paula. Jedes Mal, wenn sie rausgelassen wird, kommt sie zum Zaun gelaufen und knurrt mich hasserfüllt an. Paula ist alt. Sie hat Rheuma und humpelt ein bisschen. Vergesslich ist sie auch. Paula bellt nie. Aus ihrer Kehle kommt nur ein tiefes, heiseres Knurren. Manchmal klingt es, als habe sie ein paar rostige Sprungfedern verschluckt.

Helge ist Postbote und hat heute wieder keine Briefe für mich, als er nach Hause kommt. Das liege nicht in seinem Aufgabenbereich, sagt Helge und streicht sich über den Bart. Er ist für ein anderes Viertel zuständig. Die Sonne scheint und Helge schwitzt unter der Uniform. Der Bart im Sonnenlicht aprikosenfarben. Ich sitze in der Hollywoodschaukel und trinke Rotwein. Paula steht am Zaun und grollt. Sie interessiert sich nicht für Helge. Sie hat nur Hass für mich übrig. Vielleicht mag sie keinen Rotwein, sagt Helge und lacht. Ich lache mit. Paula grollt. Helge verabschiedet sich. Er hat es eilig. Er will die Postbotenuniform gegen seine Schlafanzughose tauschen.

Ich schenke mir nach und höre den Vögeln zu. Am Zaun kehrt Ruhe ein. Paula hat vergessen, warum sie dort steht und was sie eigentlich wollte, und mit dem Knurren aufgehört. Ich schaue zu, wie sie zur Wäschespinne trottet und dagegen pinkelt. Paula ist alt. Das große Loch im Zaun hat sie nie bemerkt.

Drei Mal Freiheit und doch daneben

Eins.

Durch die schmutzige Vorstadt geht eine Schneise aus Schotter, Müll und rostigen Schienen. Am Ende dieser Schneise ist ein verlassener Güterbahnhof. Bei Tagesanbruch sammelt sich der Industriesmog wie Morgennebel über dem gesamten Gelände. Genau da steht er jetzt, ganz allein, mitten auf den Gleisen, und flennt wie das Kind, das er eigentlich noch ist. In der einen Hand hält er einen Edding wie eine gezogene Waffe, in der anderen ein halbleeres Bier, das er eigentlich noch nicht trinken darf. Während andere in seinem Alter gerade aufstehen und sich für die Schule fertig machen, war er noch nicht mal im Bett. Seine große Schwester ist noch in der Disko, in die sie ihn letzte Nacht mitgenommen hat.

»Werd erstmal erwachsen, du Lauch«, hatte sie gesagt, als sie seine Gedichte gefunden hatte, und hatte damit gemeint, dass er nicht von Dingen schreiben dürfe, von denen er keine Ahnung hat. Deshalb war er mitgegangen, als sie in die Disko ging, deshalb hatte er mitgetanzt, als sie getanzt hatte, und mitgetrunken, als sie getrunken hatte – bis sie eine bunte Pille nahm und er sich nicht traute. Sie verschwand dann mit einem Fremden auf dem Klo und er verlor sie aus den Augen. Und jetzt steht er hier auf den Gleisen und flennt wie ein Mädchen, weil er sich so verdammt feige fühlt und weil er den Glauben an seine Schwester verloren hat. Er ist vielleicht ein Lauch, aber sie ist überhaupt nicht reif und erwachsen.

Hinter ihm, an der Bahnhofsmauer, trocknet gerade sein selbst kreiertes Denkmal, das Andenken dieser Nacht. Als Mutprobe ohne Zeugen, von Wut und Enttäuschung getrieben, hat er eine Zeile aus seinen Gedichten dort drangeschrieben.

Mehr Freizeit, nicht dauerbreit, kein Alk, halt einfach nur Freiheit.

Er schämt sich. Seine Schwester würde ihn dafür auslachen, das weiß er genau, denn alles, was er tut, ist in ihren Augen lächerlich und peinlich, und es könnte ihm egal sein, was sie von ihm denkt, ist es aber trotz allem nicht.

Zwei.

Er sitzt da, in seinem Lieblingscafé, das eigentlich nur die Cafeteria seiner Arbeitsstelle ist. Aber Lieblingscafé klingt irgendwie nach mehr. Nicht so nach Alltag und Monotonie, denkt er sich. Er mag die Cafeteria, da fühlt er sich immer wie ein Fremder, ein Besucher, den niemand kennt und von dem nichts erwartet wird.

Nur einmal die Woche findet er Zeit, um hierherzukommen – immer freitags um 15 Uhr, nach der Sprechstunde für Privatpatienten und bevor die OP-Berichte der letzten Woche diktiert werden müssen. Er mag diese zwanzig Minuten Auszeit, in denen es nur das Stückchen Käsekuchen und den starken Cafeteria-Kaffee gibt, in denen er fast vergisst, dass sein Leben ein fortwährender Hamsterradlauf ist. Sein Leben ist nämlich nichts weiter als eine beschissene Endlosschleife aus Aufstehen, Rennen und Schlafen. Aufstehen, Rennen, Schlafen, Aufstehen, Rennen, Schlafen, Aufstehenrennenschlafen, aufstehenrennenschlafenaufstehenrennenschlafen – das frisst ihn langsam auf. Ihm ist schon ganz schwummrig im Kopf.

Einem Kollegen hat er mal gesagt: »Der Mensch kann nur so frei sein, wie er es sich selbst zugesteht zu sein« und dabei gedacht, dass seine einzige Freiheit im wöchentlichen Käsekuchenstück verborgen liegt. Wenn die neunzehnte Minute anbricht, matscht er mit der Kuchengabel die verbliebenen Krümel auf dem Teller zusammen und sein Herz beginnt, vom Koffein zu holpern. Manchmal überkommt ihn der Drang, sein komplettes Leben zu ändern – sofort und einfach so. Doch nach der Pause geht er immer wieder zurück auf sein Zimmer, zieht sich den weißen Kittel über und setzt mit dem Diktieren der OP-Berichte seinen Hamsterradlauf fort.

Drei.

Achim ist obdachlos. Er hängt immer bei der Sparkasse in der schmutzigen Vorstadt herum. Wenn die Sonne scheint, sitzt er auf der Parkbank vor dem Gebäude und grinst zahnlos die vorübergehenden Menschen an. Eigentlich wirkt er ganz nett, wenn er nicht so bestialisch stinken würde. An kalten und verregneten Tagen wärmt er sich nämlich in der Filiale auf und sein widerlicher Gestank – eine Mischung aus Schweiß, Käsefüßen und ungewaschenem Schwanz – verbreitet sich im ganzen Raum. Achim selbst kümmert sich 'nen Scheißdreck drum.

»Könnte schlimmer sein. Wenigstens bin ick lebendich«, ruft er, wenn man die Nase wegen ihm rümpft.

Achim lacht auch sehr viel, um einen Kontrast zu den ernsten Gesichtern der vorübergehenden Menschen zu bieten.

Wenn Achim einen guten Tag hat, kauft er sich eine Flasche Schnaps und betrinkt sich. Wenn er sich dann ordentlich einen angezwitschert hat, steht er vor seiner Parkbank wie ein Zirkusdirektor vor dressierten Löwen und singt laut aus tiefstem Herzen fürchterlich schief »Freiheit« von Westernhagen, weil er den Song so mag. Die Öffentlichkeit hört bei seinem Gesang immer weg. Was weiß der schon, sagen alle. Außerdem stinkt er. Sollte sich lieber mal waschen, denken alle und beschleunigen ihren Schritt.

Wenn Achim einen schlechten Tag hat, betrinkt er sich auch, aber dann packt ihn eine ungeheure Traurigkeit, weil er einfach nicht verstehen kann, warum alle um ihn herum so viel unglücklicher aussehen, wo sie doch so viel mehr haben als er.

Epilog (Auszug aus dem Gedicht eines Jungen).

So viel Freiheit und doch daneben.
Aber wenn andere Menschen und Konsequenzen egal,
wenn die einzige Grenze durch den eigenen Kopf geht
und dahinter zügellose Freiheit steht,
was würden wir tun, wer würden wir sein, bei völlig
    freier Wahl?

Katzengold

Bei Anbruch der Dämmerung werden wir unruhig. Noch ist die Stadt in Pastell getaucht. Mückenschwärme über unseren Köpfen. Dein Herz schlägt schneller mit zunehmender Dunkelheit. Irgendwer hat Sticker dabei. Die kleinen kleben wir in unsere Gesichter, mit den großen pflastern wir alles, was unseren Weg kreuzt. Fassaden, Beton, Autos, Ampeln. Wir sind lustig, aber das reicht nicht, um die Stadt zu vergessen. Wir sind durstig und brauchen viel mehr als nur Sticker im Gesicht, damit Konturen verschwimmen und die Welt zu schwanken beginnt.

Im ersten Bier ist immer am wenigsten drin, in der ersten Bar am wenigsten los. Wir sind durstig und voller Energie, wir können nicht stillsitzen, es zieht uns hinaus. Der samtige Nachthimmel hat jeden Pastellton verschluckt. Die Stadt pulsiert im künstlichen Licht. Drei Mal blinzeln, bis Sterne zu sehen sind. Wir balancieren auf Bordsteinkanten, schwankend zwischen Straßen und Gehwegen, wir lassen uns treiben und sehen schön dabei aus. Wir sind streunende Hunde, sagst du, und jemand bellt dazu, aber irgendwer möchte lieber eine Katze sein, dann wollen alle lieber eine Katze sein.

Der Späti lockt mit blinkenden Lichtern, zieht uns an, wir sind durstig und noch viel zu nüchtern. Wir wollen ein Wegbier, Zigaretten und noch diesen Schnaps hier. Aber niemand hat Kleingeld, nur Sanifairbons im Portemonnaie. Jemand knickt ein, geht zur Bank, kommt zurück und zahlt für uns mit einem Schein, dann kann es auch schon weitergehen, wir können weiterziehen. Wir kippen uns Schnaps rein. Wir lachen und prosten einander zu, zwischen uns stimmt die Chemie, Katzenaugen funkeln, ein Hoch auf die Streunernacht, wir sind voller Euphorie. Langsam beginnt alles zu schwanken.

Wir trinken das billigste Bier, neben Mülltonnen schmeckt sowieso alles wie Pisse, jemand holt Pfefferminzlikör. Ein letztes Herumreichen, dann ist die Flasche leer. Die nächste Bar liegt schon zu Füßen, zehn Stufen eine Kellertreppe hinab. Bestellt wird am Tresen, wir wollen Schnaps und Bier für jeden, aber irgendwer möchte lieber Weißwein trinken, dann wollen alle lieber Weißwein trinken. Jemand gibt eine Runde aus. Die ersten Katzenaugen blinzeln müde, aber in Streunernächten wird nicht geschlafen. Jemand hat Glitzer dabei. Ein Katzensprung zum Frauenklo. Alle in eine Kabine. Es ist eng. Du schließt die Tür zu, dann wieder auf, wir drängen verschnupft, aber stolz hinaus.

In Streunernächten ist alles möglich, sagen wir und sehen glücklich dabei aus. Wir schweben zum Tresen, obwohl der Fußboden klebt. Wir sind berauscht, wir kreischen, wir johlen laut. Die Sticker im Gesicht haben wir längst vergessen, wenn sie nicht schon abgefallen sind. Du wischst abwesend deine Nase. Wir trinken und reden und rauchen, alles gleichzeitig und wieder von vorn, wir drehen uns im Kreis, bis einem schwindelig wird, überall

Glitzer, blitzende Lichter. Im Schwarzlicht sind alle Katzen blau. Der Blick auf die Uhr bringt uns kurz aus dem Takt. Jemand rutscht aus, auf dem Boden klebt Blut. Drei Mal blinzeln und die Tanzfläche hat sich geleert.

Wir taumeln und stützen einander, damit wir nicht stolpern, an lichtleeren Häuserschluchten vorbei. Das gelbe Blinken einer Ampel spiegelt sich in einer Pfütze. Die Stadt schweigt friedlich um uns herum. Drei Bars haben zu, in einer brennt noch Licht. Nur noch ein Bier. Die Luft steht dick im Raum. Krumme Gestalten kauern am Tresen, verloren, gescheitert, zerfressen vom Rausch. Doch in Streunernächten gibt es kein Mitleid, wir trinken und blenden das Elend der Wirklichkeit aus.

Nur noch ein Bier, irgendwer will lieber Weißwein, aber dafür reicht das Geld nicht mehr, wir spielen Tischkicker, irgendwer will lieber Darts spielen, wir spielen Darts, dann sind alle unsterblich verliebt und wollen knutschen, bis die Schatten am Tresen verblasst sind und der Barkeeper nach Hause will. In Streunernächten sind wir unsterblich. Doch der Barkeeper schmeißt uns raus. Licht aus.

Die Nacht zerbröselt zwischen den Dachkanten. In grauer Dämmerung sehen wir blass und müde aus. Wer hat das Licht angemacht, fragst du. Niemand lacht. Wir schwanken und stolpern über Betonplatten. Aus deiner Nase rinnt Blut. Es knirscht, als jemand auf Glasscherben tritt. Die ersten Sonnenstrahlen kratzen am Horizont und blenden dunkle Katzenaugen. Kalter Schweiß glitzert auf der Haut, Euphorie ist aufgebraucht. Die Streunernacht endet und mit ihr der Rausch. Schatten verschwinden, die Erinnerung setzt aus. Drei Mal Blinzeln, dann ist es vorbei.

Der Morgen graut. Blackout.

Nihilistischer Tag

Heute ist ein nihilistischer Tag. Eigentlich mag ich solche Tage nicht, denn sie sind langweilig, weil mir zwar tausend Dinge einfallen, die ich machen könnte, aber keine Lust auf irgendwas davon habe. Aber heute ist ein nihilistischer Tag eigentlich ganz angemessen.

Ich fühle mich wahnsinnig erwachsen, weil ich gerade das Wort »angemessen« benutzt habe. Solche Worte verwendet sonst nur meine Mutter. Letzten Freitag schrieb sie mir auf WhatsApp, dass eine Entschuldigung angemessen wäre. Da hatte ich auch einen nihilistischen Tag, deshalb hab ich ihr nicht geantwortet. Ich weiß heute gar nicht mehr, wofür eine Entschuldigung angemessen gewesen wäre. Hätte ich mich bei ihr entschuldigt, es hätte vermutlich nichts geändert, Mutter wäre noch immer nicht wütend, sondern nur sehr enttäuscht. Überhaupt ist es ja erwachsen, nicht unüberlegt irgendetwas Zickiges zurückzuschreiben. Macht Mutter auch nie. Wenn ihr was nicht passt, ignoriert sie mich. Jetzt ignoriere ich sie zurück. Wir ignorieren uns also gegenseitig. Klappt ganz gut, aber bald ist wieder Monatsende. Fast würde ich mir Sorgen machen, hoffentlich überweist sie das Kindergeld trotzdem, würde ich denken, aber heute ist ein nihilistischer Tag, da langweilt mich das Nachdenken über existentielle Probleme.

Am Schreibtisch dudelt Spotify. Die Musik könnte nerven, wenn das nicht schon die Geräusche vom Hinterhof übernehmen würden. Im Hinterhof ist nämlich wieder eine der Lesben von nebenan. Nicht die Rundliche, die eine Glatze hat und deshalb ein bisschen wie ein Buddha aussieht, deren Stimme ist nicht ganz so schrill, wenn sie brüllt. Nein, die andere, die mit dem grauen Igelschnitt und den Schlabbersachen, plärrt seit einer halben Stunde ihre Hunde an.

Ich hab nichts gegen Lesben, Liebe für alle, ich trage den Regenbogen in meinem Herzen, Schlabbersachen trag ich auch manchmal, ich bin jung und darf das, aber – natürlich muss jetzt ein Aber kommen, das kennt man ja, das ist ja jetzt Mode –, aber ich habe keine zwei Labradore, die unentwegt bellen, zwei Labradore, die ich ständig anbrülle, ich brülle nicht ständig, ich brülle überhaupt nicht. Ich hab auch nichts gegen Hunde, aber ich hab was gegen Rumgebrülle. Wenn ich zwei Labradore hätte, würde ich mit denen spazieren gehen, irgendwo ins Grüne, wo sie glücklich herumtollen und überall hinscheißen könnten, ohne dass ich mit einer Tüte in der Hand die Hinterlassenschaften aufsammeln müsste.

Die von nebenan machen das nie. Wenn es warm draußen ist und ich das Fenster geöffnet haben muss, weil es sonst drinnen zu warm ist, duscht die mit dem Igelschnitt die Hunde mit dem Gartenschlauch ab. Die Hunde bellen, die Frau plärrt und alles kommt durch den Backsteintrichter der umgebenen Häuser doppelt so laut in meinem Zimmer an. Das stört meinen nihilistischen Tag.

»Pssscht. Hört auf damit! Hört auf, zu bellen! RUU-UHE!«, brüllt Igelschnitt immer.

Voll nervig.

Ich hab schon oft überlegt, zurückzubellen. Laut aus dem Fenster bellen und dann schnell unter dem Fensterbrett verschwinden, hinter der Heizung verstecken. Hab auch darüber nachgedacht, dem Igelschnitt zu sagen, dass ihre schrille Stimme noch anstrengender ist als das Hundegebell, oder wie Mutter sagen würde: etwas leiser wäre angemessen. Aber dann heißt es nachher, ich habe was gegen Leute mit schrillen Stimmen, und das Risiko, selbst Opfer des Anplärrens zu werden, möchte ich auch nicht eingehen. Außerdem will ich nicht wie meine Mutter klingen.

Vielleicht kaufe ich Igelschnitt mal eine Flasche Whisky. Damit die Stimme tiefer wird. Aber das muss ich an einem anderen Tag tun, heute ist ein nihilistischer Tag, da habe ich keine Kapazitäten, um etwas im Internet zu bestellen, oder wie Mutter sagen würde: Das hat nicht Priorität. Einen Text originell enden zu lassen, hat an einem nihilistischen Tag übrigens auch keine Priorität.

Weiße Rosen

Letzte Nacht hatte er geträumt, dass er durch einen Rosengarten irrt. Die Sträucher standen in voller Blüte. Weiße Rosen, überall. Die Luft roch nach ihnen. Dann begannen die Rosensträucher, zu wachsen, streckten dornige Arme in seine Richtung aus. Er rannte los, doch die Sträucher waren schneller, zerkratzten mit ihren Dornen seine Beine, zerschnitten wie nadelspitze Krallen die Haut, verbohrten sich darin. Die Rosen färbten sich rot von seinem Blut. Jemand rief seinen Namen, wieder und wieder, er öffnete die Augen.

Sarah war über ihn gebeugt, im hereinfallenden Mondlicht hatten ihre Haare eine silbrige Farbe angenommen, verbargen ihr Gesicht im Schatten. Sie strich über seine verschwitzte Stirn. Ihre Hand war kühl.

»Alles ist gut, du hast nur schlecht geträumt«, hauchte sie und ihre Stimme klang verwaschen.

Erst jetzt spürte er das dumpfe Kribbeln in seinen Beinen. Die Bilder des Traumes noch deutlich im Kopf, tastete er nach ihnen, fühlte verschorfte Haut und verklebte Haare, riss die Bettdecke beiseite, sah an sich herab.

»Was machst du da?«

»Ich ...« Er stockte.

Im Halbdunkel sahen seine Beine vollkommen schwarz aus. Panik stieg in ihm hoch und löste ein Ziehen in der Magengrube aus, als befände er sich in einer bergab rasenden Achterbahn.

»Jan?« Angst lag in ihrer Stimme.

Er wollte aufstehen, doch die Beine waren wie erstarrt. Er konnte nicht mal die Zehen bewegen. Auf die Ellenbogen gestützt schob er seinen Unterleib Richtung Bettkante.

»Jan, was soll das? Was tust du?«

Er wollte antworten, doch die Zunge klebte trocken am Gaumen. Das Bett schien sich unter ihm aufzutun und er verlor den Halt, fiel in ein schwarzes Nichts.

Draußen sangen die Vögel. Das Schlafzimmer war in gleißendes Licht getaucht. Es dauerte einige Augenblicke, bis die Helligkeit nicht mehr in den Augen schmerzte. Er spürte das Herz aufgeregt in seiner Brust pochen, begleitet vom Ziehen im Bauch. Nicht den Kopf bewegen, nicht zur Seite sehen, er schloss die Augen und wagte nur, mit der Hand nach der anderen Betthälfte zu tasten, fuhr über das Falten schlagende Laken, fand nichts, keinen Körper, der neben ihm lag, keine Sarah da. Er hob die Bettdecke an, nur ein kleines bisschen, und sah an sich herab. Die gestreiften Shorts endeten im Nichts, keine Beine da. Der Anblick brannte sich in seine Netzhaut, er versuchte, den Fleck an der Altbaudecke von einem Wasserschaden Jahre zuvor zu fixieren, Tränen schossen in seine Augen, alles begann, sich zu drehen, und eine Übelkeit wallte in ihm auf. Er musste würgen, und hievte sich schnell in den Rollstuhl, der neben dem Bett bereitstand. Im letzten Mo-

ment erreichte er die Toilette, stützte sich auf die Klobrille, erbrach einen Schwall bitterer Gallenflüssigkeit. In
seinen Augen brannte der Schweiß, die Badfliesen ver-
schwammen, Sarahs Schrei im Ohr.

Der entgegenkommende LKW hat einfach so auf ihre
Fahrbahnseite gezogen. Sie waren auf der Rückfahrt von
einem Konzert, scherzten über die Frau in der ersten Rei-
he, die sich bis auf die Unterwäsche ausgezogen und ihre
Kleider auf die Bühne geworfen hatte. Keine Minute später überall Glassplitter, Metallfetzen und Blut, die Armatur,
Sarahs Gesicht, aufgehende Airbags, die wie harte Box-
hiebe Rippen brechen, Lungen auspressen, beißender Geruch nach verschmortem Gummi und Benzin, der Lastwa-
gen hatte das Auto wie eine leere Bierdose zerquetscht,
und seine Beine gleich mit. Es ist schnell gegangen, zu
schnell, um Schmerz zu verspüren.

Nebenan im Schlafzimmer hatte der Wecker zu klingeln begonnen. Als er sich zum Betätigen der Spülung vor-
beugte, rollte der Rollstuhl nach hinten weg, in der Eile
hatte er vergessen, ihn festzustellen, Jan verlor den Halt,
knallte mit dem Kinn auf die Klobrille, hart schlugen die
Beinstümpfe auf den Fliesen auf. Eine Welle des Schmer-
zes fuhr durch ihn, er sank auf den Fliesenboden und
schluchzte.

Seit er sich erinnern konnte, hatte Sarah nach weißen
Rosen gerochen. Sie benutzte kein Parfüm, es schien, als
dufte sie von sich aus danach, als sei es ihr natürlicher
Körpergeruch. Als sie das erste Mal miteinander schlie-
fen und er sich in ihrem Duft verlor, hatte sie ihm nicht
geglaubt, obgleich er schwor, die Wahrheit zu sagen, sie
hatte es als alberne Schmeichelei abgetan. Erst als er ihr

einen Strauß weißer Rosen schenkte, konnte er eine nie da gewesene Ergriffenheit in ihren Augen sehen, die verriet, dass sie ihm glaubte. Kurz darauf waren sie ein Paar geworden.

Sarah hatte mehr Glück gehabt als er. Sie konnte das Krankenhaus drei Wochen vor ihm verlassen, aufrecht, ohne ein Humpeln, ohne Verband. Ihr Gesicht aber hatte der Unfall gezeichnet; von der linken Schläfe übers Augenlid bis hin zum linken Mundwinkel zog sich eine große Narbe. Am Tag seiner Entlassung kam Sarahs Vater ihn abholen, weil sie, wie auch die vielen Male später, die Wohnung nicht verlassen wollte. Zu Hause lagen sie abends wie Fremde nebeneinander im Bett. Von ihrem Geruch wurde ihm ganz schwindelig. Er sagte ihr, dass er sie liebte, dass sie trotz Narben wunderschön war, und es war, als würde er in einen leeren Raum sprechen, die Worte erreichten sie nicht, ihr Blick blieb kalt. Trotzdem fanden ihre Münder aufeinander und es kam zu einem unbeholfenen Kuss. Sie befühlten einander, vorsichtig, dann immer fordernder, bis Sarah innehielt, an ihm herabsah und auf die Stelle deutete, wo eigentlich seine Beine aus den Shorts ragen sollten.

»Kann ich …?« Ihre Stimme versagte.

Er nickte. Sie zog die Shorts aus und Jan sah das Entsetzen in ihrem Gesicht, bevor sie sich abwandte und ersticktes Schluchzen ihren halbnackten Körper zum Beben brachte. Er hatte einen Stein in der Brust, weinen konnte er nicht.

Fortan vermied sie jede körperliche Nähe zu ihm. Wann immer es ging, wandte sie die entstellte Gesichtshälfte von ihm ab. Einmal beobachtete er sie bei dem Versuch, die Narben mit Make-up zu verdecken, um Augenblicke später den Spiegel mit dem Schminkdöschen zu zerschmettern. Es war, als wäre etwas zwischen ihnen zerrissen, er wusste nicht, wie er auf sie zugehen sollte, was er auch tat, alles verletzte sie, als wären die Erinnerungen aus der Zeit vor dem Unfall ein Minenfeld und er tapste unbeholfen darüber und zerstörte mit jedem Fehltritt ein Stück ihrer Vergangenheit. In der Hoffnung, wieder zu ihr durchdringen zu können, in ihren Augen mehr als Schmerz und Verzweiflung zu sehen, kaufte er ihr weiße Rosen. Beim Anblick der Blumen brach Sarah hysterisch in Tränen aus, verdeckte das Gesicht, schluchzte, schrie ihn an, bis auch er die Geduld verlor.

»Verdammt, Sarah! Merkst du nicht, was du für ein Scheißglück hattest? Du hast nur eine Narbe im Gesicht. Und ich? Sieh mich doch an, ich werde nie wieder laufen können, ich bin ein Krüppel!«

Schlagartig verstummte Sarah. Dann sagte sie leise: »Ich weiß. Du, ich, das Leben. Es widert mich alles so an.«

Wenige Tage darauf hatte sie ihn verlassen. Sie schickte ihren Vater, um die restlichen Sachen, in fünf Umzugskisten verstaut, aus der Wohnung abzuholen. Voller Mitleid hatte er Jan angesehen, ihm auf die Schulter geklopft und sich entschuldigt.

»Eine entsetzliche Tragödie«, hatte er gesagt und Jan hatte ihn beruhigt und gesagt, dass er okay sei.

Die Fliesen waren kalt und seine Stümpfe schmerzten vom Sturz. Das Kinn hatte aufgehört, zu bluten. Der Wecker im Schlafzimmer schrillte noch immer, es war bestimmt fast zehn. Er musste sich beeilen. An einem anderen Tag wäre er vielleicht zum Sterben auf dem Boden liegen geblieben. Warum er nicht einfach beim Unfall gestorben war, hatte er sich nach der Trennung immer wieder gefragt, ohne eine Antwort darauf zu finden. Viele Male hatte er sich vorgestellt, wie das Leben ohne ihn weitergegangen wäre, sich Sarah vorgestellt, wie sie kreischt, weil er nicht mehr atmet, wie sie schluchzend vor seinem Grab steht, gebrochen und jahrelang allein, bis irgendwann ein anderer Mann kommt, ihre Hand nimmt, festhält und nicht wieder loslässt. Sarah, verschwitzt, mit geröteten Wangen vom Orgasmus, auf dem Nachtschrank eine Fotografie von ihm. Sarah mit ihren Kindern und Tränen an seinem Grab. Wäre er gestorben, hätte sie ihn nicht verlassen, die Beziehung hätte niemals ein so hässliches Ende nehmen können.

Kaum war er angezogen, verließ er die Wohnung, fuhr zum Blumenladen einige Häuser entfernt und wartete an der Straßenecke auf Sarahs Vater. Obwohl er die Rosen so weit wie möglich von sich weghielt, kroch ihr Duft in seine Nase. Nie wieder hatte er diesen Geruch riechen wollen, aber in diesem Moment ging es nicht darum, was er wollte. Also gab er seinem Drang nach, riss das Papier vom Strauß und vergrub seine Nase in einem der Blütenköpfe. Er schauderte. Als würde er an ihr riechen. Eine Welle von Erinnerungen brach über ihm zusammen, begrub ihn unter sich. Sarah. Ihr zitterndes Kinn, kurz bevor sie zu weinen begann. Die weichen Hände. Das blonde Haar, das golden in der Sonne schimmert. Wie sie auf ihrer Unterlippe kaute, wenn sie angespannt war. Die knubbeligen, kleinen Zehen. Er hob schwer den Kopf. Noch ein Atemzug und er würde zerspringen.

Sarahs Vater half ihm beim Einsteigen. Da war er wieder, dieser mitleidige Blick. Jan fielen die tiefblauen Augenringe auf, tiefe Furchen unter den geröteten Augen. Eingefallene Wangen, graue Bartstoppeln, der Mann schien um Jahre gealtert. Jan wollte etwas sagen, irgendetwas, um nicht denken zu müssen. Also entschuldigte er sich bei ihm, er wusste nicht wofür, es passierte einfach, so wie Sarahs Vater sich nach der Trennung entschuldigt hatte. Der Alte nickte stumm, sagte heiser: »Schöne Rosen«, ohne den Blick von der Straße zu lösen, »noch dazu so viele.«

»Siebzehn«, sagte Jan.

»Warum siebzehn?«

»Wir sind am siebzehnten Mai zusammengekommen.«

Sarahs Vater nickte langsam. Dann hörte Jan ihn schlucken.

»Sie hat nicht mal einen Brief hinterlassen, kannst du dir das vorstellen, sie ist einfach, sie hat, ich mein, sie, ...«

»Bitte, ich will es nicht wissen«, brachte er ihn zum Verstummen.

Sarahs Vater schniefte.

»Es ist so eine entsetzliche Tragödie«, sagte er leise.

Die restliche Fahrt über schwiegen sie.

Josefine Telefon II

Josefine Telefon sitzt wieder auf dem Fensterbrett. Nicht auf meinem, sondern auf einem im dritten Stock des gegenüberliegenden Hauses. Wie sie dort hingekommen ist, weiß sie nicht. Sie trinkt zu viel Rotwein, das habe ich ihr schon oft gesagt. Aus einem gekippten Fenster kommt das Gezwitscher eines Kanarienvogels. Josefine meint, es sei kein Kanarienvogel, sondern ein Wellensittich, sie habe neulich nachgesehen. Josefine frisst keine Vögel. Sie nimmt nur Nassfutter und Rotwein zu sich.

Josefine trinkt meine ganzen Weinreserven leer. Ständig muss ich Wein kaufen, der Verkäufer im Lidl denkt sicher schon, ich wäre ein Alki, so viel Wein, wie ich ständig kaufe, was soll ich denn sagen, das versäuft alles die Katze aus dem Nachbarhaus? Und raucht dabei bestimmt Kette, würde der Lidl-Verkäufer sagen, und ich: Ja, genauso ist es!

Wer sind deine Besitzer, warum betrinkst du dich nicht daheim, habe ich sie neulich gefragt. Seit die beiden versuchen, ein Kind zu machen, ist kein Rotwein mehr im Haus, hat Josefine geantwortet.

Lukas eröffnet eine Bar

Lukas eröffnet eine Bar. Das ganze Rudel hat eine Rundnachricht bekommen; Lukas lädt zur inoffiziellen Eröffnungswoche. Eine ganze Woche! Ich verabrede mich mit Karl für Samstagabend.

Kurz nach neun hole ich ihn ab. Wir steigen auf unsere Räder und fliegen durch die Stadt. Ich glaube, noch nie so schnell gefahren zu sein. Ich bin beschwingt und mache Späße, der Frühling ist schuld.

Die Bar ist gähnend leer.

Vielleicht liegt's am Wetter, mutmaßt Karl, die Nacht ist mild und zieht alle nach draußen. Ein Mann und sein Dackel sind die einzigen Gäste. Der Dackel liegt zusammengerollt unter dem Tresen und knurrt, als wir hereinkommen. Er springt auf und will zu uns rennen, doch kommt nicht vom Fleck. Die Leine kettet ihn an einen Barhocker, auf dem sein Herrchen Platz genommen hat. Beleidigt knurrt er noch einmal, dann rollt er sich unter dem Tresen zusammen.

Nicht viel los hier, sagt Karl.

Lukas tut, als wäre nichts.

Was wollt ihr trinken? Heute geht alles aufs Haus, sagt er und zapft sich ein Bier.

Stolz zeigt er uns die Räumlichkeiten und erzählt von seinen Plänen.

Visionen, sagt Lukas und stürzt das Bier runter, waschechte Visionen sind das.

Er schwankt. Karl und ich tauschen nervöse Blicke aus. Lukas und der Alkohol. Dass das kein gutes Ende nimmt, ist so offensichtlich. Wir lassen uns herumführen, nicken stumm und trinken, was uns aufgetischt wird. Kurz vor Mitternacht schläft Lukas sturzbesoffen auf seinem Tresen ein. Karl und ich verlassen die Bar und laufen schweigend durch die Nacht.

Alle sehen nur zu, wie Lukas sich kaputttrinkt, sage ich schließlich. Warum hält ihn keiner davon ab?

Weil er alt genug ist, antwortet Karl, er ist zweiunddreißig, zwei Jahre jünger als ich. Ein Erwachsener.

Wir verabschieden uns an der Straßenecke und ich biege in die Querstraße zu meiner Wohnung. Zwei Alkis sitzen auf der Bank gegenüber vom Späti und unterhalten mit ihrem betrunkenen Gepöbele die ganze Straße. In zehn, fünfzehn Jahren könnte einer von ihnen Lukas sein. Ich male mir aus, wie er aussehen würde. Das Gesicht rötlich angeschwollen, ungepflegter Bartflaum, einige Zahnlücken im Mund, vor Dreck starrende Klamotten. Ich stelle mir vor, wie Lukas vor diesem Späti herumlungern würde. Ein Schauer läuft mir über den Rücken.

Ich sehe zu Boden, als ich die beiden Gestalten passiere, und schäme mich. Ich würde genau so wegsehen, wenn Lukas einer von denen wäre. Ich würde wegsehen und hoffen, dass er mich in seinem Rauch nicht wiedererkennt. Auch Karl würde wegsehen. Alle anderen auch. Im Vorbeigehen vielleicht sogar noch den Schritt beschleunigen. Keiner würde die Verantwortung übernehmen wollen, wenn etwas passiert.

Das heißt es also, erwachsen zu sein.

Das Gegenteil von Unglück

In der Küche klappert der Tagesanfang, die Kaffeemaschine gluckst. Er steht im Türrahmen und hat den Geschmack von Zahnpasta im Mund. Sie sitzt mit dem Rücken zu ihm am Küchentisch und schnibbelt gerade das Viertel einer Orange in ihr Müsli. Ein Paar sind sie seit elf Jahren, heiraten wollten sie nie.

»Braucht man nicht, wenn man sich wirklich liebt«, haben sie beschlossen.

Am liebsten würde er jetzt ewig da stehenbleiben und sie beim Orangenschnibbeln beobachten, aber wie das mit den schönen Momenten so ist: Genau jetzt bemerkt sie ihn, hört mit dem Schnibbeln auf und dreht sich zu ihm um.

»Hast du fertig gepackt?«, fragt sie und er nickt und setzt sich an den Tisch.

Nur ihre Kaugeräusche beim Müsliessen knuspern durch den Raum. Draußen hört man eine Straßenbahn vorüberfahren.

»Bist du glücklich?«, fragt er und sie nickt.

Solche Fragen stellen sie sich manchmal, um zu gucken, ob das Leben noch passt, wackelt und genug Luft da ist.

»Und du?«, fragt sie.

»Klar«, sagt er, denn Glück ist bekanntlich das Gegenteil von Unglück und unglücklich ist er nun wirklich nicht.

Für den Rest des Frühstücks schweigen sie. Anschließend trägt er wortlos die Taschen zum Auto und als sie nachkommt und einsteigt, lächeln sie kurz aneinander vorbei. Dann fahren sie in die Berge.

Kurzurlaub. Haben sie letzten Monat spontan beschlossen. Spontan sein ist wichtig, haben sie auch irgendwann beschlossen.

»Denn wenn man spontan ist, hat man keine Zeit, sich Probleme auszudenken«, hat er mal gesagt und sie hat genickt und beide haben es geglaubt.

Deshalb machen sie ständig spontane Sachen, zum Beispiel spontan zusammenziehen, wenn die Miete zu teuer für eine Person ist.

Oder spontan einen Hund kaufen, wenn sie sagt: »Ich will einen Hund!«

Oder spontan einen Hund verschenken, wenn dieser einfach nicht stubenrein wird. Oder wie jetzt, spontan einen Kurzurlaub, wenn man sonst nicht mehr weiterweiß.

* * *

Wir sitzen auf dem Fußboden nebeneinander, mit dem Rücken an der weißverputzten Wand. Nebenan übt jemand Klavier. Du guckst aus dem Fenster, die ausgebreitete Tageszeitung im Schoß. Ich erzähle dir die Geschichte von einem spontanen Paar und von Orangen im Müsli. Sowas mache ich manchmal, Geschichten erzählen, wenn ich nicht mehr weiterweiß und nichts anderes zu sagen hab. Ob ich unglücklich bin, fragst du.

»Nein«, sage ich und meine es auch so, aber glücklicher bin ich dadurch nicht.

Staubflocken im hereinfallenden Sonnenlicht tanzen über dem Parkett. Ich muss daran denken, dass das eigentlich gar kein Parkett ist, sondern ein Dielenboden, hast du mir schon oft gesagt.

»Dielenboden ist das«, hast du gesagt und ich hab genickt und es dir geglaubt.

Das Wort »Parkett« finde ich trotzdem schöner. Ich beuge mich zu deinen Turnschuhen vor und zupfe an einem der Schnürsenkel, damit du dir später die Schuhe wieder zubinden musst. Als wir früher so rumsaßen, haben wir dabei nie Klamotten angehabt, heute ziehst du nicht mal mehr die Straßenschuhe aus.

Ich zupfe an dem zweiten Schnürsenkel. Früher hat dich sowas zum Lächeln gebracht, heute schüttelst du vorwurfsvoll den Kopf, ziehst die Füße von mir weg und bindest die Schuhe zu, dann widmest du dich wieder der Zeitung in deinem Schoß. Das Klavier nebenan verstummt.

Ich hätte gerne einen Hund, einen hechelnden, aufgekratzten. Gegen die Stille, aber wenn der Hund nicht stubenrein wird, müssten wir ihn weggeben und das würde mir das Herz brechen und dann wäre alles wie jetzt, bloß schlimmer. Draußen hört man eine Straßenbahn vorüberfahren.

»Ich will eine Schildkröte«, sage ich, »ich würde sie Fuck nennen und niemals hergeben.«

Du nickst und streichst über meinen Kopf.

Schlechte Nachrichten

In Leipzig ist der Nachthimmel orange. Es gibt zehn, wenn man betrunken ist, auch mal zwanzig, Sterne zu finden. Nicole sieht den Himmel oft. Wenn auf Arbeit wenig los ist, hält sie nach den Sternen Ausschau. Nicole arbeitet als Journalistin. Ihr Schreibtisch steht vor einem großen Fenster. Auf dem Fensterbrett ist ein Fernglas. Am Wochenende kreisen die Scheinwerfer der Clubs am Himmel. In aufregenden Nächten fliegen Helikopter vorbei, die grün und rot und weiß blinken und nach Gefahr klingen. Sternschnuppen gibt es hier nicht.

Nicole ist Online-Redakteurin bei der Leipziger Volkszeitung. Sie arbeitet vier Nächte die Woche. Weil die meisten Leute in der Nacht schlafen, passiert nur wenig, worüber Nicole berichten kann. Wenn etwas passiert, erfährt Nicole es über die Polizeimeldungen. Polizeimeldungen sind nachts die einzigen Neuigkeiten. Die guten Nachrichten passieren tagsüber. Nicole schreibt zu den Meldungen kleinere Texte und pflegt diese in den Blaulicht-Ticker der LVZ-Website ein. Der Blaulicht-Ticker ist ein Banner am rechten Rand der Website und immer aktuell. Nicole verfasst vier Nächte die Woche schlechte Nachrichten. In manchen Nächten fragt sie sich, warum sie Journalistin geworden ist.

In dieser Nacht muss Nicole viel schreiben. Brennende Fabrikhallen und Tannenbäume. Zwei Schwerverletzte bei Explosion eines illegalen Böllers. Erneut wurde ein Kinderwagen auf der Eisenbahnstraße angezündet. Messerstecherei am Bahnhof, drei Schwerverletzte. Ermittlungsbeamte entdecken 3 Kilo Metamphetamin in Polo-Kofferraum. Schwerer Autounfall auf der A14, die junge Frau und ihr 11 Monate altes Baby sterben noch auf dem Weg ins Krankenhaus. Der Blaulicht-Ticker ist immer aktuell. Auch an Weihnachten. Nicole schließt die Augen und zählt bis zehn. Das macht sie immer bei schlechten Nachrichten, um sich zu beruhigen. Heute hilft es nicht.

Auf dem Heimweg weint Nicole, ein kleines bisschen nur, damit die Wimperntusche nicht verläuft. Nicole braucht zwanzig Minuten bis nach Hause. Auf halber Strecke hält sie an der Tankstelle, sieht nach, ob die Tränen Spuren hinterlassen haben, und bittet einen polnischen LKW-Fahrer um eine Zigarette. Der Fahrer schenkt ihr eine filterlose Camel. Nicole hat vor drei Jahren mit dem Rauchen aufgehört. Sie schließt die Augen und zählt bis zehn, dann startet sie wieder den Motor. Die Camel steckt sie in die Brusttasche ihres Parkas.

Nicole braucht zwanzig Minuten bis nach Hause und noch einmal zehn für die Parkplatzsuche. Heute findet sie auf Anhieb einen. Weil die meisten Leute an Weihnachten nach Hause fahren, die Familie besuchen, sind viele Parkplätze frei. In Nicoles Wohnhaus sind fast alle Fenster dunkel. Nur im Erdgeschoss brennt eine Kerze im Fensterbrett.

Nicole wohnt im ersten Stock. Sie lebt in der kleinen 1-Raum-Wohnung neben der Treppe. Drinnen riecht es nach abgestandener Luft und altem Abwasch. Draußen dämmert der Morgen. Nicole geht in die Küchenecke und reißt das Fenster auf. Von draußen strömt kalte Luft hinein. An der Straßenecke beschimpfen sich Obdachlose. Nicole schaltet den Klassiksender ein, dann dreht sie den Wasserhahn auf heiß und macht den Abwasch. Den Parka behält sie an. Das frisch gespülte Geschirr in ihren Händen dampft. Ein Helikopter fliegt vorbei. Nicole hat vor drei Jahren mit dem Rauchen aufgehört.

Die Männer der Skatrunde

Donnerstag, 15 Uhr im MC Storch. Die Kneipe ist fast leer. Lasse, krumm auf einem Barhocker, starrt mit wässrigen Augen ins Leere. Am Tisch links neben der Eingangstür sitzen die Männer der Skatrunde.

Spieler 1: Erna wurde hochjestuft. Pflegegrad 2 hatse jetz. Völliger Blödsinn. Fürn Behindertenparkplatz reicht's nicht, dafür isse dann wieder nich Krüppel jenug. Dabei kannse kaum noch krauchen. Schafft's nich ma zum Briefkasten alleene. Voll verjessen kannste das …

Spieler 2: Wie geht's der denn?

Spieler 1: Hat sich erkältet neulich, als wir inne Stadt rein sind und ich se im Auto jelassen hab, weil wir kein Parkplatz jefunden ham. Dann wars Jeschrei wieder groß. Nächstes Mal bleibtse gleich zuhause. So ne Fisemaguckchen mach ich nich mehr mit.

Spieler 2: Kannste nich machen!

Spieler 1: Nix is, geh ich eben allein einkaufen. So einfach is das, Punktausende.

Spieler 2: So ne Krankenschwester, die drei Ma' am Tach vorbeikommt, Essen kocht und so Zeuch, wär das nich was?

Spieler 3: Oder gleich eene für rund umme Uhr. Hat Willy am Ende doch och jehabt, so ne Polackin, bei ihm einjezogen isse sogar. Aber ne janz Anständige war das, kann man nüscht sagen.

Spieler 1: Und wer zahlt's? Die Kasse jedenfalls nich. Die übernehmen jar nix, is wahr. Weißte doch, am kleinen Mann sparnse, wos jeht, und die Lackaffen da oben jenehmigen sich n viertn Porsche ...

Spieler 3: ... und der Steuerzahler blecht dafür! Is klar.

Spieler 2: Jetz ma halblang. Janz so isses nu ooch nich.

Spieler 3: Pass ma uff: Ein Abjeordneter in Sachsen-Anhalt kriecht später, jetz halte dich fest: 1.800 Euro Rente. Einzigst weil er mal im Landtach jesessen hat. Tausendachthunnert, nur fürs Däumchendrehen! Kanns echt nich geben. Und dann sabbeln se was von sozialer Jerechtigkeit. Die haun uns doch alle die Hucke voll!

Spieler 1: Sauerei!

Der Wirt steht am Tresen und verdreht die Augen.

Wirt: Pass auf, gleich geht's wieder los.

Lasse brummt, ohne eine Miene zu verziehen, und nimmt einen großen Schluck von seinem Bier.

Spieler 3: Und unsereiner schuftet sein janzes Leben lang. Kannste sagen, was de willst, inner DDR hattmer nich viel, aber wir ham für jeden jesorcht.

Spieler 1: Is wahr!

Spieler 3: Nich wie heute, wo unsereiner Pfandflaschen sammeln muss, um über die Runden zu kommen, weil die Rente nich reicht. Die sollten sich was schämen, sollten die!

Spieler 1 bekommt rote Flecken auf den Wangen. Er greift zur Schnapsflasche, um sich einzuschenken, doch sie ist leer.

Spieler 1: Ulli, Nachschub.

Der Wirt tut, als würde er nicht hören. Spieler 1 wedelt mit der leeren Flasche.

Spieler 3: Ulli, sollnmer verdursten? Mach ma hier die Luft raus!

Der Wirt verschwindet im Hinterraum, kehrt mit einer neuen Flasche zurück und stellt sie forsch auf den Tresen. Spieler 1 geht sie schwankend holen und gießt ein. Sie prosten sich zu. Der Wirt wischt mit einem schmuddeligen Lappen über die Zapfanlage, ohne die Spieler aus dem Auge zu lassen.

Spieler 3: Kennter die Reportage über die Rentner, die nach Bulgarien auswandern müssen, weil hier ihre Rente nich zum Leben reicht? Eine Schande is das. Die hatten Tränen in den Augen! Und derweil lassen sich die Kameltreiber auf Staatskosten die vierte Ehefrau finanzieren! Dann wundern se sich, wenn ma uffmucken.

Er deutet zum Späti auf der anderen Straßenseite, der einem Araber gehört. Dort blinken die Lichterketten Tag und Nacht, das Schaufenster ist bis unter den Rand mit billigen Handyimitaten vollgestopft. Eine Tram fährt donnernd vorbei.

Spieler 2: Die hams sich ooch nich ausjesucht, glaub ma nich, bei denen zuhause haun sich die Islamisten jegenseitich die Köppe ein. Und zwar mit unsren Waffen!

Spieler 3: Und warum kommse dann ausjerechnet hierher? Ja nee, is klar. Deutschland ist das einzigste Land, das denen mal eben schön ne Stange Geld inne Hand drückt und für ne Wohnung zahlt, einfach so. Wird denen alles nachjeschmissen. Und die Deutschen leben unter der Brücke. Und die Merkel sabbelt was von: Wir schaffen das. Die halten uns wohl alle für meschugge, halten die. Kanns echt nich geben!

Er haut mit der Faust auf den Tisch. Spieler 2 winkt ab und starrt durch die verdreckte Schaufensterscheibe nach draußen.

Spieler 1: Guck ma, wense wirklich vor Bomben fliehen, brauchense nichma das Land verlassen. Im Süden is nämlich ja kein Kriech, is wahr. Überhaupt wird der Assad jar nicht so schlecht jewesn sein, der wird nur reagiert ham, weil n paar Rebellen Rabatz jemacht ham.

Spieler 3: Vor Ort krepieren nur die armen Schweine. Die mit ordentlich Zaster kommen hierher und wischen sich schön mit unsern Geldern den Arsch ab. Ja nee, is klar.

Spieler 2: Naja …

Spieler 1: Sei doch vernünftig! Welcher Flüchtling kann sich für mehrere tausend Euro n Schlepper leisten? Ich nich, du? Die kommen doch alle bloß als Sozialschmarotzer hierher und ham noch n dickes Konto inner Schweiz. So siehts aus, is wahr.

Der Wirt und Lasse wechseln Blicke.

Wirt: Jetzt reichts aber mal langsam da drüben! (leiser:) Nur Kloßköppe hier.

Lasse brummt zustimmend. Wortkarg war er schon immer, seit dem Herzinfarkt letzten Winter sagt er fast gar nichts mehr. Am Tisch vorm Fenster kehrt keine Ruhe ein.

Spieler 1: Und solche Kasper von den Grünen kippen noch Öl ins Feuer, die stellen sich gegens eigene Volk. Mohrenapotheke! Was is daran bitte plötzlich verkehrt, das gibts seit Jahrtausenden, is wahr. Aber wenns nach den Grünen geht, darf man sowas nich mehr sagen. Bei denen ticks nich mehr ganz richtich.

Wirt: Wenns nach mir geht, ist jetzt mal genug mit der Skatrunde. Los, Schluss für heute!

Die Skatspieler fluchen, sie nehmen ihre Jacken und Mäntel und wenden sich zum Gehen. Einer der Spieler dreht sich schwankend zum Wirt um.

Spieler 3: Wirst schon noch sehen, Ulli. Wenn die Islamisten dir die Bude abfackeln, ma schaun, ob de dann noch multikulti bist!

Die Spieler verlassen das Lokal und gehen in unterschiedliche Richtungen fort. Lasse und der Wirt sehen ihnen stumm nach. Der Wirt schüttelt den Kopf.

Wirt: Hausverbot sollte man den Affen geben. Aber mit irgendwas muss ich ja auch die Miete zahlen. Riesengroße braune Kackscheiße is das.

Der Wirt verschwindet im Hinterzimmer und kommt mit einer Flasche Kümmel zurück, stellt zwei Schnapsgläser auf den Tresen und schenkt ein. Sie heben die Gläser.

Wirt: Auf Wiedersehen.
Lasse: Und tschüss.

Sie kippen das brennende Zeug hinunter.

Sekt-Mate

Das Resteficken beginnt halb sechs und geht bis sieben. Jaz und ich stehen am Rand der Tanzfläche und beobachten, wie die Verzweifelten angestürmt kommen und alle Ansprüche über Bord werfen für etwas Nähe. Wir sehen ihnen nach, wie sie zu zweit, die Arme, Beine und Zungen ineinander verknotet, Richtung Ausgang stolpern.

Ich finde sie peinlich, Jaz hat Mitleid mit ihnen.

Der Morgen graut. Tageslicht fällt durch die Fenster in der Decke und das Resteficken neigt sich dem Ende zu. Ab jetzt brauchen wir keine Uhr mehr, um zu wissen, dass es viel zu spät ist. Die Tanzfläche ist ein Gruselkabinett. Wir stehen am Rand, rauchen und schauen ins Leere. Alle um uns herum sind um zehn Jahre gealtert. Vereinzelt schweben Druffis vorbei. Vorm DJ-Pult stehen fünf Rumänen, wippen zum Takt. Ich schätze sie auf Mitte, Ende Fünfzig. Jaz meint: plus-minus zehn. Sie haben Lederjacken, Zahnlücken und hochgestellte Krägen, sind alle kaum größer als ich, jeder in irgendein krummes Ding verwickelt. Sie könnten als Gestalten durchgehen, die ihre Zeit in Spielautomaten drücken. Im *MC Storch*, auf dem Gang zur Toilette. Jaz fängt meinen Blick ein.

Wir sollten ins Bett gehen, sage ich.

Jaz legt den Kopf schief und kneift die Augen zusammen, als würde sie angestrengt nachdenken, dann fragt sie: Teilen wir uns noch einen Sekt-Mate?

Das ist dann aber wirklich der Letzte, sage ich.

Jaz verspricht es, ich lasse sie schwören, auf den Sekt-Mate: Indianerehrenwort.

Der Bass setzt ein und reißt uns mit. Wir schütteln uns, wir zappeln, wir wirbeln umher. Die Augen halb geschlossen, ein Lächeln auf den Lippen, vergessen kurz die Uhrzeit und die Verzweiflung um uns herum.

Darf ich mit bei dir im Bett schlafen, ich glaub, ich kann heut nicht allein sein, fragt Jaz, als das Dröhnen abebbt.

Ich nicke, dann nehme ich sie in den Arm. Einer der Rumänen pfeift uns zu. Wir pfeifen zurück und trinken Sekt-Mate.

Schlaflos

Margarethe stand im Halbdunkeln in der Raummitte und musterte die Umgebung, als hätte sie vergessen, warum sie das Zimmer betreten hatte, und würde nun in den schemenhaften Gegenständen nach einem Anhaltspunkt suchen. Ihre Augen blieben am Bett hängen. Auf dem Nachtschrank stand eine gerahmte Fotografie und obwohl sie diese schon unzählige Male angesehen hatte, schaltete sie die kleine Lampe daneben an und nahm den Rahmen von seinem Platz. Sie waren noch so jung gewesen, damals. Vom Licht vieler Jahre hatte das Bild stark an Kontrast verloren. Jegliches Weiß des Fotos, auch ihr blütenweißes Kleid, war einem schmutzigen Gelbton gewichen. An das ursprüngliche Schwarz erinnerte nur noch ein grauer Schatten. Sie überlegte kurz, das Bild aus dem Rahmen zu nehmen, um zu überprüfen, ob auch die Widmung auf der Rückseite, mit Tinte geschrieben, in ihrer dunklen Abgeschiedenheit zwischen Fotopapier und Holz verblichen oder vielleicht sogar gänzlich verschwunden war. Nach kurzem Zögern stellte sie das Bild wieder zurück neben den Radiowecker, 01:57 verkündeten seine rot leuchtenden Zahlen, und schaltete die Lampe wieder aus.

Der Raum war kälter als der Rest der Wohnung, die Heizung war seit Tagen nicht aufgedreht worden. Ihre nackten Füße tasteten über den Dielenboden Richtung Fenster. Die Welt dort draußen war in das surreale Orange der Straßenlaterne getaucht. Sie fröstelte. Das Zimmer roch so vertraut wie eh und je nach Holz und Metall, doch eine muffige, abgestandene Note mischte sich darunter, sodass sie trotz der Kälte das Fenster kippte. Mit der hereinströmenden Frische der Regennacht sickerte der Geräuschteppich der Außenwelt in das Zimmer. Zitternd kehrte sie zum leeren Bett zurück und schlüpfte ohne weiteres Zögern unter die ordentlich gemachte Decke. Erst jetzt spürte sie in vollem Ausmaß, wie eisig ihre Hände und die Füße waren. Unter der Daunendecke wärmte sie die Hände zwischen den Oberschenkeln und die Füße abwechselnd an den Waden. Durch ihre Glieder ging ein Kribbeln, das die langsame Wiederkehr der Wärme ankündigte, schmerzhaft, wie tausend kleine Nadelstiche. Die Bettwäsche roch anders, aber vertrauter als der Rest des Raumes. Sie presste das Gesicht gegen das Kopfkissen und atmete tief ein. Die Intensität seines Geruchs war überwältigend, es war, als würde er direkt neben ihr liegen. Sie hatte am ganzen Körper Gänsehaut und genoss das wohlige Schwindelgefühl, das sie wie eine zweite Decke umschloss.

Als sich in das fortwährende Prasseln des Regens ein anderes Geräusch mischte, horchte sie auf. Ihre Benommenheit war schlagartig einer Anspannung gewichen. Kerzengerade lag sie unter der Decke und lauschte den sich hastig nähernden Schritten. Knirschen und Schmatzen von Sohlen auf dem Asphalt. Als der Vorbeigehende, der Lautstärke nach zu urteilen, direkt auf Höhe ihres Fensters war, platschte es einmal laut, als wäre er in eine Pfütze getreten. Unmittelbar danach hörte sie ein Schlürfen, dann nahm der nächtliche Spaziergänger seinen Rhythmus wieder auf und entfernte sich mit der gleichen Regelmäßigkeit, bis seine Schritte gänzlich im Regenprasseln untergingen. Sie starrte an die finstere Altbaudecke und spürte den schnellen Puls in den Ohren. In der Parallelstraße fuhr eine Straßenbahn vorbei und das Surren der Beschleunigung war zu vernehmen.

Sie drehte sich auf die Seite und wurde unweigerlich vom roten Licht des Radioweckers angezogen. 02:35. Zu den fünf Strichen der letzten Zahl gesellte sich ein sechster Strich: 02:36. Kurz darauf verschwanden vier Striche, ein neuer kam zu den zwei verbliebenen: 02:37. Die bleierne Müdigkeit durchzog jede Faser ihres Körpers, doch zur Ruhe kam sie nicht. Sie rieb sich die vom Starren brennenden Augen.

In die Straße bog ein Auto ein. Auf dem Kopfsteinpflaster knirschten die Reifen. Der Schall breitete sich in der engen Häuserschlucht aus, übertönte alle weiteren Geräusche. Das Auto hielt auf Höhe ihres Hauses. Sie hörte, wie die Autotür geöffnet wurde. Unverständliche Gesprächsfetzen drangen durchs Fenster, dann knallte eine Tür. Der Motor heulte auf und unterband jede Vermutung, in welchem Haus die ausgestiegene Person wohnte. Bevor sie weitere Überlegungen anstellen konnte, hatte das fortwährende Trommeln des Regens wieder Oberhand gewonnen. Ihr fiel auf, dass sich zu dem Prasseln nunmehr ein monotones Tröpfeln gesellt hatte. Als sie erneut eine Straßenbahn beschleunigen hörte (02:49), stöhnte sie entnervt auf.

Durch ihren Kopf wanderte plötzlich ein Satz und ihr war, als hätte sie ihn schon einmal gedacht.

»Durch Schlaflosigkeit geht das Zeitgefühl verloren; es gibt sowohl Minuten, die ewig dauern, als auch Stunden, die beim Herumwälzen und Nachdenken zwischen den Händen zerrinnen.«

Für einen Atemzug schien ihr Kopf im Leerlauf zu sein, dann war sie sich nicht mehr sicher, ob sie diesen Satz wirklich schon einmal gedacht oder von irgendeiner anderen Person gehört hatte. Sie versuchte angestrengt, sich zu erinnern, bis sie in der Dunkelheit den Faden verlor.

Mit wild klopfendem Herzen fand sie sich aufrecht im Bett sitzend wieder. Zerstreut knetete sie ihren Nacken und prüfte mit einem Seitenblick die Uhrzeit. 03:20. Es war nicht auszumachen, ob sie in der letzten halben Stunde eingeschlafen und durch ein Geräusch von draußen wieder aufgewacht war oder ob ihre Gedanken unkontrolliert weitergelaufen waren, sich im Dämmerzustand versehentlich ineinander verhakt hatten, gestolpert waren, sich überschlagen hatten und sie schlussendlich hochschrecken ließen. Sie horchte in die Dunkelheit. Die Geräuschkulisse des Regens war unverändert, nichts Beunruhigendes war zu vernehmen, sie ließ sich wieder ins Kissen fallen, sah erst an die Decke, dann zum Fenster hinüber. Darauf wartend, dass sich der Herzschlag beruhigte, sah sie in die Nacht, in mattes Laternenlicht getaucht, und bemerkte an manchen Stellen vereinzelte Regentropfen aufblitzen. Die Tropfen nahmen einen Teil des orangenen Lichts in sich auf, verliehen dem Laternenkopf die wabernde Kontur eines Heiligenscheins. Wie viele Kilometer sie wohl im freien Fall sein mussten, um dann für einen

Augenblick, gerade im richtigen Winkel, das Licht der La-
terne wie ein Prisma zu spiegeln? Die Faszination über diese kleine Entdeckung beseitigte den letzten verbliebenen
Rest an Bettschwere in ihr, sodass sie beim erneuten Blick
auf die Uhr (03:34) den Versuch des Einschlafens verwarf.

Beim Betreten des Raumes hatte sie gehofft, in der vor-
herrschenden Atmosphäre ein Gegenmittel zur inneren
Unruhe zu finden. Doch alles, was bisher geschehen war,
hatte sie nur noch nervöser gemacht. Sein Geruch wurde
plötzlich unerträglich, die zuvor berauschende Vertraut-
heit erfüllte sie mit Wut. Einzig die schützende Wärme
der Decke hielt sie vom Verlassen des Bettes zurück, sich
wieder der Kälte auszusetzen, kostete Überwindung. Das
Druckgefühl in der Blase fällte die Entscheidung zwischen
Flucht und Wärme. Schwerfällig erhob sie sich aus dem
Bett und schloss das Fenster, damit der Raum nicht vollkommen auskühlte.

Obwohl sich ihre Augen längst an die Dunkelheit ge-
wöhnt hatten, bot der fensterlose Flur nichts als Schwär-
ze. Sie bewegte sich tastend vorwärts, wollte kein Licht
anschalten, die bleiernen Augen drückten schmerzhaft genug in den Höhlen. Jede Bewegung kostete Kraft, sodass
sie nur das Nötigste tat. Sie betätigte die Klospülung nicht
und verließ das Bad auch ohne die Hände gewaschen zu
haben. Aus der Leitung wäre um diese Uhrzeit nur eiskal-
tes Wasser gekommen, sie zitterte ohnehin am ganzen
Körper, obwohl seit dem Verlassen des Bettes noch nicht
mal fünf Minuten vergangen waren. Der Gedanke an die
Bettdecke in seinem Raum, unter der es bestimmt noch
warm war, ließ sie für einen Moment zögern, bevor sie
ihr Zimmer aufsuchte. Es musste wärmer als in seinem

Raum sein, weil die Heizung tagsüber aufgedreht gewesen war, trotzdem fuhr ein kalter Schauer ihren Rücken hinab, als sie ins Bett kroch. Der neutrale Geruch der Bettwäsche versetzte ihr einen kleinen Stich, nie zuvor war ihr so bewusst aufgefallen, dass der eigene Geruch nicht wahrnehmbar war. Anders als in seinem Raum verspürte sie hier auch keine geheimnisvolle Aufregung, jeder kleinste Winkel war von ihr über Jahre hinweg konstruiert worden, die komplette Umgebung war ein ausgelagerter Teil ihrer Persönlichkeit. Sie atmete tief ein und schloss die Augen, darauf hoffend, dass sich damit auch die Gedanken ausstellen ließen. Doch vielleicht gerade aufgrund seiner offensichtlichen Abwesenheit in diesem Raum verselbstständigte sich ihr Kopf.

Bevor dieses Zimmer zu ihrem Raum geworden war, war es ihr gemeinsames Schlafzimmer gewesen. Der Raum, in dem heute sein eigenes Bett stand, war einst nur als Atelier gedacht. Im Laufe der Jahre hatten sich banale Gründe angesammelt, die schließlich zu seinem Vorschlag getrennter Betten führten. Sie hatten beim Frühstück gesessen, als er von dem Bett im Atelier angefangen hatte. Statt ihm zu sagen, dass sein Schnarchen beruhigte, dass es nicht störte, wenn er zu ihr kroch, lange nachdem sie eingeschlafen war, dass sie neben ihm sogar viel besser schlafen konnte, hatte sie, überfordert von der Situation, nur stumm genickt. Mit der Zeit häuften sich die Nächte, in denen sie allein im großen Bett schlief, bis sich das getrennte Schlafen wie eine schlechte Angewohnheit in den Alltag eingeschlichen hatte. Sie hatte sich mit der Situation arrangiert, indem sie sich ständig das Positive dieser

Veränderung vor Augen rief: der Gewinn eines eigenen Raums zum kreativen Ausleben.

Die Gedanken endeten so abrupt, als wären sie vor eine Wand gefahren. Sie hatte das Gefühl, in einen gähnenden Abgrund zu blicken, noch schwärzer als die Nacht, ein großes Loch in der Magengrube. Sämtliche unausgesprochene Hätte-, Könnte-, Möchte-, Will- und Werde-Satzanfänge schossen durch ihren Kopf, schrien nach Veränderung und lähmten sie. Sie schluckte den Tränenkloß herunter und drückte das Gesicht ins Kopfkissen. Die Erkenntnis der eigenen Einsamkeit wog schwer und erstickte jeden sinnvollen Gedanken im Keim. Regungslos blieb sie liegen und atmete die wenige Luft, die durch das Kissen drang, ohne die geringste Ahnung, wie spät es sein mochte.

Karl und Jürgen

Ich sitze auf dem Stromkasten vorm Knochenpark. Neben mir sitzt Karl. Wir trinken Augustiner vom Späti. Karl hat seinen nachdenklichen Tag. An solchen Tagen starrt er viel und redet wenig. Ich gucke Leute. Auf der Karl-Heine-Straße ist kaum was los. Ein Mann mit O-Beinen führt seinen Dackel Gassi. Ein Stück weiter steht der Bratwurstverkäufer und hört Countrymusik. Der Dackel bleibt auf unserer Höhe stehen, nimmt Witterung auf, blickt Richtung Bratwurststand und erstarrt in der Bewegung. Er beginnt zu knurren. Der Mann flucht und zerrt ihn an der Leine weiter.

Der Bratwurstverkäufer heißt Jürgen. Er arbeitet sechs Nächte die Woche. Wenn die Leute nachts Hunger bekommen, gehen sie zu ihm. Jürgen ist immer da. Deshalb hat die Stadt ihm eine Förderung geschenkt. Jürgen ist jetzt Unternehmer. Er hat jetzt doppelt so viel und muss doppelt so viel arbeiten. Einen neuen Grill hat er sich gekauft und einen Bauwagen, der seinen Bratwurststand nun flankiert. Der Bauwagen ist rot angemalt.

Josefine Telefon kommt darunter hervorgekrochen und läuft an uns vorbei. Ich winke ihr zu, doch sie guckt weg.

He!, rufe ich.

Josefine reagiert nicht. Sie tut, als kenne sie mich nicht, als sei sie eine ganz normale Katze aus der Nachbarschaft.

Keine Stadt

Wenn funkenregnende Raketen sich pfeilschnell Richtung Himmel bewegen und johlende Menschen die Straßen beleben, wenn andere zählen, von zehn auf neun, acht und sieben, denk ich an dich und schweige betreten. Es war heute, vor exakt fünf Jahren, als wir uns zum letzten Mal gesehen haben. Beste Freunde für immer, hatten wir gesagt, damals, als du noch hier, in dieser Stadt, zu Hause warst.

Draußen auf der Straße haben wir Nächte durchgemacht und dabei zugesehen, wie Menschen schlafen gehen und die leuchtende Stadt erwacht. Wir lauschten falschen Versprechen, sahen fremde Herzen brechen und hatten uns nichts dabei gedacht, wir waren naiv und wussten nicht, dass Naivität uns zur Zielscheibe macht. Irgendwann, da gab es ein Feuer und wir haben uns verbrannt, waren erst mit dem Spiel vertraut, dann auch mit dem Schmerz bekannt.

Die träge Menschenmasse, der Smog im Morgenrot, S-Bahn fahren, Kneipengasse, Straßenlärm und Hundekot, Altbauvillen, Laternen, Open Airs am Tag, Leuchtreklame, Dönerläden, Flunkyball im Park, all das konnte dir nichts

mehr geben. Zwischen ausatmen und durchstarten können, zwischen wilden Partys und stillen Hochhäusern, sag-
test du zu mir: »Ich kann nicht mehr. Lass uns weg von
hier«, denn für dich war alles nur noch Dreck hier, in allen Ecken der Schmerz, Reste von dir, von ihm, von euch.

Nochmal neustarten, nochmal Reset und alles auf Anfang, nochmal naiv sein, frei von Altlasten Anklang finden,
einfach weg, an niemanden binden, das war der Plan. Und
so reisten wir mit der Landkarte in der Hand Pi mal Dau-
men Richtung Horizont, entdeckten andere Wüsten aus
Beton, Orte, fremd und unbekannt. Mit Höchstgeschwin-
digkeit gingen wir Rückschritte ohne Rückblicke, verloren
ziellos die Zeit. Irgendwann hatten wir alles bereist, unser
Zug war abgefahren, abgereist, aufgefahren, aufgelaufen
auf die Wolkenkratzer unserer Ängste. Wir fanden keinen
besseren Platz als unsere alte Stadt, darum blieb ich wieder hier, doch du, du hattest dein altes Leben satt.

Du gingst nochmals fort, diesmal allein, hast nochmals
dein Glück woanders gesucht, doch die Welt ist nun mal
gemein, du trafst andere Menschen, die Freunde ersetz-
ten, Menschen, die dich auch nur verletzten, und bald
schon hast du die anderen Städte verflucht. Nirgends
bliebst du lang genug, um den Puls der Stadt gespürt, um
Heimat wirklich gefühlt zu haben.

Immer an Silvester denke ich an dich und versuche, dich
wirklich zu verstehen. Am liebsten würd ich dich jetzt auf-
spüren, um dich in den Arm zu nehmen, dir alles zu erklären und dich vielleicht zum Zurückkommen zu bewegen.

Die Stadt war dein Zuhause und hatte ideellen Wert,
denn nur im Kontrast zur größten Scheiße wird das Schöne von uns bemerkt. Hier hast du so viele Menschen ge-

troffen und lieben gelernt, du hast meine Welt ein klein wenig besser gemacht und mich in allem bestärkt. Ja, ich bin hiergeblieben und habe angefangen, mich umzusehen, das Herz zu öffnen und den Schmerz in Kauf zu nehmen. Während du heute als Feder im Wind vor den Fehlern der anderen entrinnst, dich treiben lässt und das Landen verlernst – ist dir da gar nicht bewusst, wie sehr dich das vom eigentlichen Glück entfernt?

Nur da, wo du geliebt wurdest, war es am schönsten.

Nur da, wo trotz allem Freude in dir verblieb, war das Bett am bequemsten.

Auf der Suche nach einem neuen Zuhause irrst du als Fremde zwischen Fremden ohne Pause herum. Du vereinsamst allmählich, trotz Hostelbett im innersten Stadtzentrum. Aber weißt du, du kannst dir deine Heimat nicht aussuchen, denn Heimat ist da, wo du vermisst wirst. Und ich vermisse dich, deine Familie vermisst dich und deine Freunde vermissen dich. Also komm endlich zurück und versuche dein Glück noch ein einziges Mal hier, bei Familie, Freunden und deiner besten Freundin, bei mir.

Deine Topfpflanzen sind eingegangen, weil ich vergaß, sie zu gießen, aber hey, ein neues Jahr hat eben angefangen und in ein paar Monaten wird vor deinem Fenster wieder Löwenzahn sprießen! Einige Hochhäuser wurden abgerissen, aber das störte niemanden. In deiner alten Straße ist ein Stadtteilgarten entstanden und die Menschen, die dich kannten, die sind noch immer da. Und, weißt du, manchmal, in goldenem Feuerwerksregen, ist diese Stadt mit ihrem Lärm und all den Menschen eigentlich ganz wunderbar. Und was ich dir noch sagen wollte:

Wo auch immer du bist, frohes neues Jahr!

Sulaiman ist müde

Lasse und Ralf sitzen auf der Bank der Tramhaltestelle. Sie trinken Dosenbier. Auf der anderen Straßenseite reibt sich der Besitzer des Spätis, ein Araber namens Sulaiman, die müden Augen. Er steht schon die ganze Nacht hinter seiner Kasse.

Is schon nich leicht, dit Leben, sagt Ralf und nickt in Sulaimans Richtung.

Die Leuchtreklame im Schaufenster verblasst zunehmend im fahlen Licht des neuen Tages. Lasse brummt, ohne eine Miene zu verziehen, und nimmt einen großen Schluck von seinem Bier. Wortkarg war er schon immer.

Zwei aufgetakelte Püppchen kommen, halb schwankend, halb tanzend, um die Ecke gebogen. Sie gehen dicht an dicht, Arm in Arm. Sie glitzern im Gesicht. Die Münder haben sie blutrot angemalt.

Hast du noch Geld fürn Absacker?, fragt die eine.

Sie bleibt vorm Späti stehen.

Daheim haben wir noch Sekt im Kühlschrank, sagt die andere.

Im Ernst?

Die eine macht große Augen.

Hab ich extra kaltgestellt, bevor wir los sind. Ich kenn doch meine Pappmäuler, sagt die andere.

Die eine lacht. Sie umarmen sich. Ralf boxt Lasse in die Seite.

Passe ma uff, was der Frauenflüsterer Ralle an Tricks uffm Kasten hat, raunt er ihm zu.

Lasse zieht die Augenbrauen hoch und passt auf.

He, ihr zwei Hübschen! Ihr müsst doch nich unter euch bleiben. Wir sind schon janz nervös und wolln mitmachen.

Der Araber rutscht näher Richtung Schaufenster, um besser sehen zu können, was vor seinem Laden passiert. Ralf gibt nicht auf.

Seh ich doch von hier, dass ihr beide janz dringend n Mann jebrauchen könnt, der euch ma zeicht, wos langjeht. Na los, kommt rüber!

Die beiden sehen feindselig zu ihnen herüber. Die eine löst sich aus der Umarmung und steuert auf Lasse und Ralf zu.

Deine sexistische Heteronormativität ist zum Kotzen, sagt sie und spuckt ihnen vor die Füße.

Ralf sagt nichts. Lasse auch nicht.

Komm, Jaz, lass die Alkis in Ruhe, sagt die andere, hakt sich bei ihr ein und zieht sie fort.

Jajajaaah, guckse dir an, da jehn se. Kannste nix machen, sagt Ralf und seufzt.

Lasse brummt. Eine Tram fährt donnernd vorbei.

Könn froh sein, dass se uns nich inne Köppe guckn könn, wa, gluckst Ralf und boxt Lasse in die Seite.

Ich mochte ihre Lippen, sagt Lasse. Diese blutroten Lippen, sagt er, so leise, dass es kaum mehr als ein Brummen ist.

Der Araber gähnt.

Josefine Telefon III

Ich sitze auf dem Fensterbrett, lese Kundera und werde beobachtet. Ich wohne im Erdgeschoss. Vor meinem Fenster parkt ein roter Kombi. Auf seinem Dach sitzt Josefine Telefon. Sie hat sich zusammengerollt und tut, als würde sie schlafen.

Soll ich dir was vorlesen?, frage ich.

Josefine antwortet nicht.

Ignorierst du mich wieder? Wie neulich, vorm Knochenpark? Was soll das?

Josefine dreht beleidigt den Kopf weg. Ihre Schwanzspitze zuckt nervös. Ich lege das Buch beiseite, hole Wein und zwei Gläser.

Als ich zurückkehre, sitzt Josefine auf dem Buch. Ein schwarzes Pelzkissen, die Augen zu Schlitzen verengt. Ich setze mich zu ihr und schenke uns ein. Sie trinkt ihr Glas in einem Zug leer. Dann fragt sie, ob ich überhaupt keinen Stil hätte. Sie habe mich vor erwähntem Park Bier trinken sehen.

Ja und?, frage ich.

Josefine verzieht das Gesicht. Sie mag kein Bier.

Der Späti hatte nur halbtrockenen Dornfelder. Für sieben Euro. Da hättest du sicher auch Augustiner genommen, sage ich.

Josefine verneint. Sie trinke kein Bier, nie. Nicht mal Augustiner.[2] Sie trinke immer nur Rotwein. Bier sei unter ihrer Würde. Ich finde, sie übertreibt.

Was willst du überhaupt mit diesem Karl?, fragt sie dann.

Sie habe gehört, dass der keinen Wein möge.

Aber Whisky, sage ich und stecke mir eine von ihren Zigaretten an. Der trinkt sich zu zweit genauso gut wie Wein.

Josefine ist das egal.

Leute, die keinen Wein mögen, denen kann man nicht trauen, sagt sie.

---

2 Auch nicht das viel bessere Tegernseer, das kaum ein Späti hat. Hab ich sie später mal gefragt. Nee, auch das nicht, hat sie geantwortet.

Leticia Wahl

Was dazwischen bleibt

»Wenn die Liebe flöten geht, setz' ich mich ans Klavier!«
Das Leben ist manchmal so witzig, dass es auf eine absurde Art und Weise traurig sein kann, und wiederum ist es manchmal so traurig, dass es auf eine absurde Art und Weise witzig ist.
Leticia Wahl befindet sich irgendwo dazwischen. Sie hat einen Kopf voller Pusteblumen. Als Reise- und Bühnenpoetin kreiert sie Räume und Sphären aus Worten, gleich einem lyrischen Feuerwerk. In ihren Texten geht es immer um alles und um nichts! Und von allem dazwischen um ein kleines bisschen.

»Kann man lesen. Muss man lesen und muss man gelesen haben. Und du so?«
(Wolf Hogekamp)

»Leticia kennt alle Arten und Orte der Schmerzen. Sie sammelt in ihren Texten blaue Flecken, wie tolpatschige Menschen an ihren Beinen, wenn sie gegen Betten und Kommoden laufen. Und dann steht sie da mit diesen ganzen offenen Wunden- die andere hinterlassen haben, die sie hinterlassen hat- und zeigt, wie sie manchmal trotzdem heilen. Und heilt sie manchmal trotzdem.«
(Tanasgol Sabbagh)

ISBN 978-3-95461-124-9
13,90 EUR

www.lektora-verlag.de/shop

Claudio Ghin

Auf einem Auge Herbst

»Weißt du noch, vorgestern? Als du meintest, es wäre schön, wenn du der letzte Mensch auf der Erde wärst? Ich glaub, es ist so weit.«

Arielle kommt jeden morgen mit dem Kettcar zur Arbeit. Ein Paar tröstet sich mit Kindesentführung. Die große Liebe taucht an einem eisigen Wintermorgen plötzlich im Bus auf. Ganz nah herangezoomt, genau beobachtet und mit so viel Herz und Vollspann erzählt, als säße man eine Nacht lang bei Bier und Zigaretten zusammen.

»Dieses Buch ist wie ein niedlicher Gewaltverbrecher. Und das ist was Gutes, ich weiß es, der Typ macht keinen Scheiß. Der will nur, dass ihr alle genau die dezente Traurigkeit empfinden könnt, die sich in seinen Texten versteckt.«
(Dirk Bernemann)

978-3-95461-061-7
13,90 EUR

www.lektora.de

Philipp Herold

Alles zu seiner Zeit
Slam Poetry & Spoken Word

Was lange währt, wird endlich gut: Das Album ist fertig.
Ein ganz persönliches Best-of der Bühnenstücke der letzten Jahre –
zum detaillierten Nachlesen, ausführlichen Hinsehen und gemütlichen
Zuhören. 11 Lieblingstexte, begleitet von 11 Illustrationen befreundeter
Künstler*innen, finden ihren Weg von der Bühne in dieses Buch und
sind darüber hinaus als Audioaufnahmen beigefügt. Es hat ein wenig
gedauert, aber jetzt steht alles bereit – denn die Zeit ist reif.

–

Nein, oft sitzen wir nächtelang am Schreibtisch
kritzeln kryptisch viel zu durchdachte Zeilen in Kleinschrift
texten wie besessen, fesseln große Ziele aufs Blatt
weil Leben, Lieben, Lyrik nun mal Poesie ausmacht

–

»Ist schön, dir zu lauschen hinter der Bühne.
Berührend.«
(Nora Gomringer)

»Echt, verspielt und unprätentiös.«
(Nektarios Vlachopoulos)

ISBN 978-3-95461-129-4
13,90 EUR

www.lektora.de